Volume 10

BIBLIOTECA DO GESTOR

Pessoas e Gestão de Equipas

TÍTULO ORIGINAL
Pessoas e Gestão de Equipas – Volume X

© Manuel Alberto Ramos Maçães e Conjuntura Actual Editora, 2017

Todos os direitos reservados

AUTOR
Manuel Alberto Ramos Maçães

CONJUNTURA ACTUAL EDITORA
Sede: Rua Fernandes Tomás, 76-80, 3000-167 Coimbra
Delegação: Avenida Engenheiro Arantes e Oliveira, n.º 11 – 3.º C
1900-221 Lisboa – Portugal
www.actualeditora.pt

DESIGN DE CAPA
FBA.

PAGINAÇÃO
Edições Almedina

IMPRESSÃO E ACABAMENTO
PAPELMUNDE

Outubro, 2017

DEPÓSITO LEGAL
432411/17

Toda a reprodução desta obra, por fotocópia ou outro qualquer processo, sem prévia autorização escrita do Editor, é ilícita e passível de procedimento judicial contra o infrator.

BIBLIOTECA NACIONAL DE PORTUGAL – CATALOGAÇÃO NA PUBLICAÇÃO

MAÇÃES, Manuel, 1946-

Pessoas e gestão de equipas. - (Biblioteca do gestor ; 10)
ISBN 978-989-694-233-5

CDU   005

Volume 10

BIBLIOTECA DO GESTOR

Pessoas e Gestão de Equipas

Índice

Lista de Figuras 7

Prefácio 9

Capítulo 1 – Gestão de Pessoas 13

    Gestão Estratégica de Recursos Humanos 16
    Planeamento da Gestão de Recursos Humanos 19
    Recrutamento e Seleção 22
    Métodos e Procedimentos de Recrutamento 26
    O Processo de Recrutamento e Seleção 28
    Entrevista 29
    Orientação e Integração 31
    Formação e Desenvolvimento. 32
    Avaliação de Desempenho 36
    Processo de Avaliação de Desempenho 36
    Vantagens e Problemas da Avaliação de Desempenho 39
    Erros mais Comuns na Avaliação de Desempenho 40
    Fontes de Avaliação de Desempenho 43
    Métodos e Instrumentos de Avaliação de Desempenho . . . 46
    Entrevista de Avaliação de Desempenho 53

Objetivos da Entrevista de Avaliação de Desempenho 53
Preparação das Reuniões 54
Durante as Reuniões 56
Qualidades de um Sistema de Avaliação de Desempenho . . . 60
Compensação, Incentivos e Benefícios 60
Despedimento 63
Tendências Contemporâneas da Gestão
de Recursos Humanos 67
Resumo do Capítulo 72
Questões 73
Referências 75

Capítulo 2 – Gestão de Equipas, Conflito e Negociação . . 77

Caraterísticas do Trabalho em Equipa 80
Benefícios do Trabalho em Equipa 82
Redução de Custos e Aumento da Produtividade 83
Melhoria da Qualidade 84
Rapidez na Tomada de Decisão 84
Inovação 85
Tipos de Grupos e Equipas 86
Gestão do Desempenho das Equipas 89
Fases de Desenvolvimento da Equipa 89
Papéis do Líder e dos Membros da Equipa 92
Capacidades de Gestão de Equipas 95
Capacidades de Gestão do Conflito 95
Tipos de Conflitos 97
Estilos de Gestão do Conflito 99
Capacidades de Negociação e Resolução de Conflitos 102
Resumo do Capítulo 106
Questões 107
Referências 108

Lista de Figuras

Figura 1.1 Planeamento da Gestão de Recursos Humanos   21

Figura 1.2 Processo de Avaliação de Desempenho   37

Figura 1.3 Qualidades de um Sistema de Avaliação
de Desempenho.   60

Figura 2.1 Tipos de Grupos e Equipas.   86

Figura 2.2 Intensidade do Conflito   97

Figura 2.3 Estilos de Gestão de Conflitos 101

Prefácio

A gestão é uma área do conhecimento das ciências sociais muito recente, na medida em que só a partir dos anos 80 ganhou a maioridade e o estatuto de autonomia relativamente à economia. Para compreendermos este fenómeno basta atentarmos no facto de que, até essa altura, apenas havia cursos de economia, contabilidade e finanças nas nossas universidades e institutos politécnicos, que continham nos seus planos de curso algumas disciplinas de áreas afins à gestão, mas não havia cursos específicos de gestão.

Nos finais do século XX e início do século XXI assistiu-se a um crescimento exponencial da gestão, seja pelo aumento das necessidades das empresas, motivado pela complexidade dos problemas que começaram a ter que enfrentar, em virtude designadamente do fenómeno da globalização e do aumento da concorrência internacional, seja pela forte atração dos candidatos pelos inúmeros programas de licenciatura e pós-graduação em gestão que proliferam pelas universidades e institutos politécnicos. Os números falam por si e os cursos de gestão são dos que motivam maior interesse dos jovens candidatos ao ensino superior e que continuam a oferecer maiores oportunidades de empregabilidade.

Presume-se, por vezes, que os bons gestores têm qualidades inatas e que apenas precisam de pôr em prática essas qualidades para serem bons gestores, relegando-se para segundo plano o estudo das teorias e técnicas de gestão. Nada de mais errado e perigoso. A gestão estuda-se e os bons gestores fazem-se aplicando na prática a teoria. Os princípios de gestão são universais, o que significa que se aplicam a todas as organizações, sejam grandes ou pequenas, públicas ou privadas, com fins lucrativos ou sem fins lucrativos. A boa gestão é necessária em todas as organizações e em todas as áreas de negócio ou níveis organizacionais.

Esta postura de se pensar que, para se ser bom gestor, basta ter bom senso e caraterísticas inatas de liderança é errada, tem um preço elevado e é responsável pelo fracasso e falência de inúmeras empresas e organizações. Ao contrário da opinião generalizada, que advoga a inutilidade dos conhecimentos teóricos, há estudos que comprovam a relação benéfica da teoria com a prática e que há inúmeros casos, em Portugal e no estrangeiro, de empresas bem geridas por executivos com forte formação teórica e académica.

Esta **miopia de gestão**, mesmo entre os gestores, justifica, por si só, a apresentação desta biblioteca do gestor.

O objetivo desta coleção é facultar a estudantes, empregados, patrões, gestores de todos os níveis e investidores, de uma forma acessível, as principais ideias e desenvolvimentos da teoria e prática da gestão. As mudanças rápidas que se verificam no ambiente dos negócios, a nível interno e internacional, pressionam as organizações e os gestores no sentido de procurarem novas formas de resposta aos novos desafios, com vista a melhorar o desempenho das suas organizações. Este livro, bem como os restantes da coleção, visa também estimular o gosto dos estudantes e gestores pelos assuntos da gestão, ao apresentar no final de cada capítulo questões específicas para discussão de cada tópico.

Ao elaborar esta coleção, tivemos a preocupação de ir ao encontro das necessidades que hoje se colocam aos gestores e de tornar o texto relevante e facilmente percetível por estudantes e gestores menos versados em temas de gestão. Além de sistematizar os desenvolvimentos da teoria da gestão, desde a sua origem até aos nossos dias e de estudar as funções do gestor, nesta coleção são apresentados e discutidos os principais métodos, técnicas e instrumentos de gestão nas áreas da produção, do marketing, da gestão financeira e da gestão dos recursos humanos, para além da preocupação de fazer a ligação da teoria com a prática. Daí a razão da escolha do título para a coleção…

Capítulo 1
Gestão de Pessoas

No atual ambiente de globalização, as organizações têm de valorizar os seus recursos humanos. Para muitos autores, os recursos humanos são a principal fonte de vantagem competitiva das organizações. Neste contexto competitivo em que vivemos, torna-se fundamental, para a sobrevivência das organizações, atrair, desenvolver e reter os trabalhadores competentes, que lhes permitem alcançar os objetivos estabelecidos. Uma das funções mais críticas de um gestor consiste em gerir as pessoas que compõem a organização, de forma a atingir os objetivos pretendidos. Para isso precisa de planear, recrutar, treinar, promover e remunerar os membros da organização.

Este capítulo tem como objetivo descrever os principais conceitos e técnicas de gestão de pessoas e as orientações que serão determinantes na gestão dos recursos humanos. Serão também abordados os processos de planeamento, recrutamento e seleção, nas suas vertentes interna e externa, acolhimento e integração, formação e desenvolvimento, avaliação do desempenho, sistemas de remuneração e incentivos e despedimentos. Finalmente, este capítulo apresenta uma análise das principais tendências contemporâneas da gestão dos recursos humanos, destacando-se a diversidade da força do trabalho.

Depois de ler e refletir sobre este capítulo, o leitor deve ser capaz de:

- Compreender a importância da gestão de recursos humanos para as organizações.
- Apresentar uma abordagem sistémica do processo de gestão dos recursos humanos.
- Explicar a necessidade e as vantagens do planeamento dos recursos humanos.
- Identificar os principais instrumentos de seleção de recursos humanos.
- Descrever a importância e os métodos de gestão do desempenho.
- Destacar as principais tendências contemporâneas da gestão dos recursos humanos.

Gestão Estratégica de Recursos Humanos

Nas últimas décadas, muitas organizações têm atravessado processos de reorganização, motivados pela necessidade de se adaptarem às mudanças do meio envolvente e às alterações do mercado, provocadas pelo crescente aumento da concorrência, em resultado do desenvolvimento das novas tecnologias e do fenómeno da globalização.

Para enfrentar os desafios, os gestores têm de compreender a importância e o potencial dos recursos humanos. Em qualquer organização é vital compreender a importância dos recursos humanos. São as pessoas que constroem as organizações e que asseguram a eficácia do seu sistema organizativo. Sem um funcionamento correto de todo o sistema, tendo em vista assegurar o aumento da competitividade, a sobrevivência da organização pode estar comprometida. Para que o sistema realmente funcione e haja uma sintonia perfeita entre as pessoas e a organização é necessária uma gestão global eficiente. Por essa gestão tem de passar obrigatoriamente a gestão dos recursos humanos.

O objetivo principal da gestão estratégica dos recursos humanos é criar vantagem competitiva sustentável. Pode definir-se gestão estratégica dos recursos humanos como o processo pelo qual os gestores desenham os componentes de um sistema de gestão de recursos humanos que seja consistente com os outros elementos organizacionais e com a estratégia e os objetivos da organização. É o processo de concretizar os objetivos organizacionais através do recrutamento e seleção dos colaboradores, acolhimento e integração, formação e desenvolvimento, avaliação do desempenho, atribuição recompensas e incentivos e despedimento dos recursos humanos.

A forma como os recursos humanos têm vindo a ser geridos tem sofrido profundas alterações nos últimos anos, decorrentes dos novos desafios que o ambiente competitivo coloca às organizações. As políticas que vinham a ser seguidas têm vindo a ser reavaliadas e adaptadas a este novo contexto competitivo de grande abertura dos mercados, inovação tecnológica, redução do ciclo de vida dos produtos, aumento da qualidade dos produtos e serviços e diminuição de custos.

O planeamento, o recrutamento e seleção, a formação, a gestão das competências e das carreiras, a gestão dos sistemas de avaliação de desempenho e de recompensas, assumem especial destaque na procura de um clima de motivação e de reconhecimento do valor das pessoas, em grupo e individualmente.

Mas não há uma forma milagrosa de garantir o sucesso na gestão dos recursos humanos. De facto, a especificidade da natureza humana torna difícil identificar métodos que permitam uma gestão de pessoas com sucesso. O que funcionou bem no passado pode não funcionar bem hoje ou no futuro, o que funcionou numa organização pode não funcionar noutra, o que funciona num ambiente competitivo pode não funcionar noutro. Existem diversos fatores, de ordem social, cultural, financeira, emocional, que dificultam a criação de técnicas precisas na gestão dos recursos humanos. A gestão de recursos humanos tem de passar, necessariamente, pela aquisição de conhecimentos e experiências no âmbito de cada organização e na procura gradual da sintonia entre as pessoas e a organização.

As organizações de sucesso serão as que optarem por investir no desenvolvimento sustentado das pessoas e, concomitantemente, souberem adaptar as metodologias e as práticas que melhor contribuam para o alcance dos seus objetivos. É nesta perspetiva que, neste capítulo, vamos abordar temas de gestão de recursos humanos relacionados entre si, nomeadamente: planeamento, recrutamento e seleção, formação e desenvolvimento, orientação e acolhimento, avaliação do desempenho, manutenção e despedimento.

Face ao que antecede, são objetivos gerais da gestão de recursos humanos:

- Criar, manter e desenvolver um grupo de pessoas com capacidades e motivação capazes de realizar os objetivos da organização.
- Criar, manter e desenvolver as condições organizacionais que permitam o alcance dos objetivos individuais.
- Alcançar eficiência e eficácia, através dos recursos humanos disponíveis.

Como objetivos específicos podemos apontar:

- Criar todas as condições para que o trabalho seja bem realizado.
- Rendibilizar, através das pessoas, quer o capital quer a tecnologia disponíveis.
- Tornar claros os objetivos da empresa.
- Fazer participar os trabalhadores no projeto da organizacão e nos objetivos.
- Mobilizar as pessoas com aproveitamento das suas capacidades.
- Reconhecer e recompensar os trabalhadores da empresa na medida dos seus conhecimentos e capacidades e do seu grau de cumprimento dos objetivos propostos.
- Conseguir, através da realização do trabalho, um grau de satisfação que envolva os trabalhadores, os patrões e os clientes da empresa.

Nas organizações, qualquer que seja a sua dimensão, é preciso recrutar, retribuir, avaliar o desempenho e desenvolver as capacidades dos trabalhadores. O desenvolvimento dos recursos humanos inclui a formação, educação, avaliação e preparação das pessoas para um melhor desempenho atual e futuro. São estes tópicos que vamos tratar nos pontos seguintes deste capítulo.

Planeamento da Gestão de Recursos Humanos

O planeamento de recursos humanos inclui a atividade dos gestores que consiste na previsão das necessidades futuras de recursos humanos, no conhecimento das mudanças que ocorrerem na organização, na análise da mão-de-obra existente e nas ofertas interna e externa de mão-de-obra disponível. Para se poder efetuar um bom planeamento de recursos humanos deve ter-se um conhecimento concreto dos objetivos da empresa e conhecer também o mercado de trabalho. A previsão das futuras necessidades só é possível se:

- Houver um perfeito conhecimento dos objetivos da empresa e das mudanças que irão ocorrer na organização.
- Existir um bom acompanhamento das movimentações de pessoal no interior da empresa (transferências, baixas e aposentações, promoções, etc.).
- Houver uma articulação entre o planeamento estratégico da organização e o planeamento de recursos humanos.

O objetivo primordial do planeamento de recursos humanos é permitir à organização identificar com antecedência os pontos críticos em que é mais provável que ocorram faltas, excessos ou uso ineficiente de pessoal (Figura 1.1). Um bom planeamento da gestão dos recursos humanos permite:

- Determinar as necessidades de recrutamento e a sua calendarização.
- Detetar eventuais redundâncias e avaliar as possibilidades de reconversão, evitando despedimentos desnecessários.
- Definir com rigor as necessidades de formação e estabelecer uma base racional para a construção de planos de desenvolvimento individual.

- Prever e avaliar o impacto das novas tecnologias e de novas formas de organização do trabalho na atividade da organização, designadamente a flexibilidade e o trabalho em equipa.

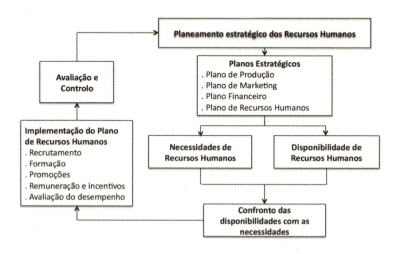

Figura 1.1 Planeamento da Gestão de Recursos Humanos

Como resultado do planeamento dos recursos humanos, os gestores podem decidir optar pelo recurso a *outsourcing* como forma de preenchimento das suas necessidades de recursos humanos. Em vez de recrutar e selecionar empregados para produzir os produtos ou serviços, os gestores podem contratar pessoas que não fazem parte dos quadros da organização ou recorrer a empresas de trabalho temporário para recrutar pessoas para executar tarefas em determinadas áreas. É o caso dos serviços de limpeza, segurança, transporte de valores que usualmente são executados por empresas em regime de *outsourcing*.

Há duas razões fundamentais que impelem, por vezes, os gestores a recorrerem ao *outsourcing*, que são a flexibilidade e o mais baixo custo. O recurso ao *outsourcing* permite aos gestores uma muito maior flexibilidade nas gestão dos recursos humanos, principalmente quando é difícil prever as necessidades de recursos humanos, no caso de sazonalidade da atividade ou ainda no caso de atividades que exigem um elevado grau de especialização. Em segundo lugar, o *outsourcing* possibilita muitas vezes a obtenção de recursos humanos a um custo mais baixo.

Mas o recurso a *outsourcing* tem também desvantagens. Quando se recorre a trabalho em *outsourcing* perde-se algum controlo sobre a qualidade dos produtos ou serviços. O trabalhador contratado em outsourcing tem também um menor conhecimento das práticas, regras e procedimentos organizacionais e está menos comprometido com os objetivos da organização do que os empregados.

Recrutamento e Seleção

Recrutamento é o processo pelo qual os gestores visam preencher as vagas existentes na organização. É o processo que decorre entre a decisão de preenchimento das vagas e o apuramento dos candidatos que satisfazem o perfil definido para a função e reúnem condições para ingressar na empresa. A seleção consiste no processo de escolha entre os finalistas (*short list*) e na tomada de decisão sobre quem deverá assumir o cargo. Antes de ser tomada uma decisão sobre o preenchimento da vaga, deve encarar-se outras alternativas como:

- Reorganizar o trabalho de tal forma que os trabalhadores disponíveis possam fazer todo o trabalho.
- Recurso a horas extraordinárias.
- Análise aprofundada do conteúdo dos diferentes cargos da mesma unidade, para concluir se há tarefas que podem ser eliminadas ou automatizadas.
- Informatização de tarefas.
- Reanálise dos perfis e competências das funções próximas do cargo vago para, através da sua alteração, eliminar a necessidade de recrutamento.
- Flexibilização do horário de trabalho.
- Contratação de trabalho temporário ou em tempo parcial.
- Recurso a subcontratação (*outsourcing*).

Se continuar a ser evidente a necessidade de preenchimento do cargo, deverá ser reponderado, antes da tomada de decisão:

- Em que consiste o trabalho.
- Em que aspetos é diferente do desempenhado pelo anterior titular.
- Qual o custo adicional que vai originar.
- Se esse custo está orçamentado.
- Se o empregado adicional está dentro dos orçamentos aprovados.
- Quando é que o novo empregado deve iniciar o trabalho.

Antes de iniciar o processo de recrutamento, o departamento de recursos humanos deve ainda certificar-se de qual é o perfil pretendido para a função, de forma a estar perfeitamente sintonizado com o que pretende o seu cliente interno e evitar erros de recrutamento que resultem em candidatos insatisfatórios, com os custos e perdas de tempo inerentes. A definição do perfil da função compreende três elementos essenciais:

1. Identificação da função, seu título e enquadramento na organizacão.
2. Clarificação dos requisitos que o candidato deve realmente preencher, nomeadamente:
   - Aptidões e competências técnicas e de gestão.
   - Experiência anterior.
   - Dimensões comportamentais exigidas para ter sucesso (*soft skills*).
   - Fatores preferenciais.
3. O que a empresa tem para lhe oferecer, focando, entre outros aspetos:
   - O salário e regalias atribuídas.
   - As oportunidades de formação e desenvolvimento pessoal.
   - As possibilidades de carreira.
   - O local de trabalho.
   - O horário de trabalho.

Antes de decidir avançar com o processo de recrutamento, a direção de recursos humanos, em articulação com a hierarquia da vaga a preencher, deve definir a estratégia a seguir no preenchimento da vaga e se deve optar pelo recrutamento interno ou externo.

O recrutamento interno consiste no preenchimento da vaga por um empregado que ocupa outra função na empresa. O recrutamento interno tem vantagens, de que salientamos:

1. Maior rapidez no preenchimento da vaga.
2. Maior probabilidade de acerto na escolha do candidato.
3. Um custo mais baixo que o recrutamento externo.
4. Elimina o risco de haver desencontro cultural entre a pessoa e a organização.
5. Permite dar oportunidades de carreira aos empregados atuais.
6. Aproveitamento de investimentos feitos na formação.

A par das vantagens enunciadas, o recrutamento interno pode ter também algunas desvantagens:

1. É mais lento que o recurso ao mercado, porque, uma vez selecionado o candidato interno vencedor, haverá que o substituir e que garantir um período de sobreposição na antiga função, antes que a hierarquia o liberte.
2. Relutância da hierarquia em dar o seu acordo à saída dos seus melhores colaboradores.
3. Pode provocar rotação excessiva de pessoal dentro da empresa, com perdas de eficiência.
4. Se for necessário rejeitar alguns candidatos internos, é preciso, posteriormente, gerir as suas expectativas frustradas e mantê-los motivados.

Se, ao invés, a empresa optar pelo recrutamento externo a fim de identificar o candidato ideal para preencher a vaga, o processo comporta vantagens, de que se destacam:

1. Eventual celeridade do processo, uma vez que não implica movimentações internas, nem períodos de passagem de tarefas antes da sua efetivação.

2. Injeção de pessoas que trazem novas competências e novas formas de pensar e de encarar os problemas.
3. Visibilidade que a empresa obtém no mercado de trabalho e reforço da sua imagem como empregadora.
4. Em muitos casos é mais barato recrutar no exterior do que formar pessoas internamente.

Contudo, o recrutamento externo comporta também inconvenientes, de que se destacam os mais importantes:

1. Exige da parte do recrutado um período de adaptação de que o recrutado internamente não necessita.
2. É bastante mais caro que o recrutamento interno.
3. Comporta maiores riscos de incompatibilidade cultural entre o candidato e a empresa, levando à sua rejeição pelo grupo e, por vezes, ao fracasso.
4. Frustra as expectativas de carreira dos colaboradores da empresa, dando a noção que as oportunidades são dadas a pessoas do exterior.

Métodos e Procedimentos de Recrutamento

A preocupação de qualquer gestor é colocar as pessoas certas nos lugares certos. Para o efeito, deve avaliar as necessidades dos departamentos, usar uma variedade de métodos de recrutamento e seleção e ajustar as necessidades e interesses dos indivíduos aos interesses da organização.

Para minimizar os potenciais erros de admissão, é usual usar uma variedade de métodos e instrumentos de seleção. Para os lugares mais baixos da hierarquia é suficiente uma ficha de candidatura e uma breve entrevista, mas para lugares de maior responsabilidade poderá ser necessário um conjunto de entrevistas, testes de atitude, de inteligência, de personalidade, de desempenho e avaliação das capacidades e análise das referências.

Os gestores recorrem tradicionalmente a dois tipos de recrutamento: **externo** e **interno,** podendo hoje também ser feito pela **internet**. Quando a organização opta pelo recrutamento externo, deve observar um conjunto de métodos e procedimentos que escolherá em conformidade com o perfil da função a preencher:

1. Consultar o arquivo de candidaturas existente na empresa, resultante de processos de recrutamento anteriores ou de candidaturas espontâneas.
2. Colocar anúncios em jornais ou revistas profissionais, devendo, neste caso, constar um conjunto de elementos que elucidem o candidato sobre a empresa, conteúdo funcional, especificação de requisitos, forma de concorrer, etc.
3. Recorrer a universidades, institutos politécnicos e escolas de formação profissional. Hoje é visível a preocupação das escolas em garantir empregabilidade aos seus alunos, havendo por isso diversas escolas que se comprometem a apoiar os alunos a procurar colocação ou através da assinatura de protocolos e acordos de cooperação com entidades empregadoras.
4. Consultar associações profissionais e sindicatos.
5. Conhecimento pessoal e recomendação por parte de colaboradores da empresa.
6. Recorrer a agências de emprego, como o Instituto de Emprego e Formação Profissional, ou agências privadas especializadas na área.

7. Recrutamento de familiares e amigos, muito usado em empresas de cariz familiar.

O Processo de Recrutamento e Seleção

O recrutamento e seleção são fases do mesmo processo de admissão de novos colaboradores. Enquanto o recrutamento consiste na procura de pessoas que satisfaçam os requisitos de potenciais candidatos ao cargo, a seleção é o processo de escolha do candidato mais habilitado e com melhores atributos para o preenchimento da vaga.

A seleção é um processo de comparação entre os perfis dos candidatos e as exigências da função. O conteúdo da função é dado pela análise e descrição de funções, enquanto o perfil do candidato é determinado através da análise do *curriculum vitae* e do recurso a um conjunto coerente de métodos e técnicas de seleção.

O processo de seleção tanto pode ser efetuado pela própria empresa, como com recurso a entidades externas independentes. O recurso a entidades externas especializadas tem vantagens nesta fase do processo de seleção, precisamente porque é independente e só seleciona os candidatos que, na sua análise, satisfazem os requisitos para o cargo.

Definida e enquadrada a seleção dos candidatos, seguem-se as seguintes fases do processo de seleção:

a. **Análise detalhada do currículum** – permite fazer uma primeira triagem de forma a eliminar o primeiro conjunto de candidatos cujo perfil de formação não se ajusta à função.

b. **Preenchimento de boletim de candidatura** – compreende o preenchimento de um formulário que se destina a recolher informações sobre o candidato.
c. **Entrevista inicial** – trata-se de uma entrevista de carácter geral que se destina a eliminar o segundo contingente de candidatos.
d. **Controlo de referências** – consiste em controlar a veracidade dos documentos apresentados e de referências indicadas pelos candidatos.
e. **Provas e testes** – testes psicotécnicos, testes de aptidão, testes de inteligência, testes de personalidade, etc.
f. **Entrevistas com as chefias** onde os candidatos irão ser colocados.
g. **Aprovação pelo diretor** – fase em que os candidatos são hierarquizados para serem escolhidos pelo órgão decisor.
h. **Exames médicos** exigidos por lei ou pelas normas da empresa no âmbito da higiene e segurança no trabalho.
i. **Acolhimento e integração**, que inclui o apoio a dar ao candidato após a admissão, quer através de programas específicos, quer da nomeação de um tutor que o acompanhe nos primeiros meses.

Entrevista

A entrevista constitui um dos elementos mais decisivos na escolha dos candidatos. Permite a interação pessoal entre o entrevistado e o entrevistador, possibilitando uma análise de traços de personalidade, difíceis de captar através da análise do *curriculum vitae* ou de quaisquer outros testes.

As entrevistas podem ser feitas por um único entrevistador, por vários em sequência, ou por um painel de entrevistadores em que o candidato é entrevistado por vários entrevistadores que fazem perguntas para aumentar a validade da entrevista. A escolha do método da entrevista depende do perfil do cargo que se pretende preencher.

As entrevistas podem ser:

- **Estruturadas** – quando o entrevistador segue um guião de forma a minimizar a subjetividade que lhe está subjacente. Os gestores fazem as mesmas perguntas a cada um dos entrevistados.
- **Não estruturadas** – quando não existe qualquer guião pré-estabelecido, tornando-se, por essa razão, subjetiva e a comparação entre os candidatos mais difícil. Assemelha-se a uma conversa informal com o candidato.
- **Mistas** – quando se traduz num misto entre questões previamente preparadas e outras livres.
- **Sob pressão ou stress** – quando o entrevistador se mostra agressivo para testar como o entrevistado reage em determinadas situações. É usada, por exemplo, para selecionar pessoas para funções de atendimento.

Uma vez decidido qual o melhor candidato a quem vai ser proposto o lugar, há uma série de pontos a clarificar entre a chefia funcional e a direção de recursos humanos, designadamente:

- Qual é o título interno da função?
- Qual o nível interno da função?
- Local e horário de trabalho.

- Vencimento inicial e prazo de revisão.
- Benefícios a que tem direito.
- Outros pontos relevantes.

Só após haver uma decisão definitiva acerca destes aspetos é que se deve contactar o candidato escolhido, para lhe fazer a proposta de emprego.

Nesta fase, deverá reconfirmar-se a motivação do candidato para a função e assegurar que esta não é meramente monetária. A aceitação da proposta pelo candidato pode ser adiada para lhe dar tempo para refletir, se ele o solicitar, mas normalmente ocorrerá logo no decurso da reunião. Aí deve fixar-se a data de admissão. O candidato deverá dispor de um contrato escrito com as condições acordadas, antes de se despedir do emprego anterior. Esta última condição destina-se a dar ao candidato a certeza da seriedade da proposta e permitir-lhe, sem risco, escrever a respetiva carta de demissão, sabendo que o novo empregador posteriormente não recuará no compromisso assumido.

Após a escolha do candidato é efetuado todo o processo de acolhimento e integração, que levará o novo colaborador a conhecer a organização e a adaptar-se às novas funções.

Orientação e Integração

Após o recrutamento e seleção de um candidato, chega o momento de o acolher, orientar e integrar na organização. A orientação ajuda a integração do novo colaborador e a conhecer melhor a empresa e o que se espera dele no desempenho da sua função.

A orientação é constituída pelas seguintes fases:

- Ajuda no preenchimento da documentação necessária.
- Apresentação da empresa pela chefia direta.
- Visita às instalações e apresentação aos colegas.
- Apresentação do chefe de departamento que deve explicar a orgânica e estrutura do departamento.
- Indicação de um colega para fazer o acompanhamento nos primeiros tempos.
- Entrega de um dossier donde constem normas e procedimentos e outras informações relevantes sobre a empresa.

A integração pressupõe um período de adaptação e de aprendizagem. A adaptação deve ser proporcionada por uma ação de acolhimento que consiste na apresentação da estrutura da organização, das condições básicas de trabalho, dos regulamentos e acordos em vigor e das pessoas com que vai trabalhar, superiores, colegas e equipas de trabalho. Um dos aspetos com maior importância na integração de novos colaboradores é o plano de formação.

Formação e Desenvolvimento

Feita a seleção dos candidatos a recrutar, a fase seguinte da gestão de recursos humanos é a formação e desenvolvimento dos colaboradores. O desenvolvimento inclui a **experiência profissional**, a **formação** e a **avaliação de desempenho**.

Num primeiro momento, há a orientação inicial que deve conter três tipos de informação sobre o dia de trabalho, a natureza da organização, as políticas da empresa, as regras e os benefícios da organização. A orientação inicial faz-se na fase de acolhimento e tem no manual de acolhimento o seu instrumento principal, que deve conter: (a) uma breve descrição da empresa; (b) condições básicas de emprego; (c) vencimentos e expectativas de carreira; (d) regime de faltas; (e) acordos sindicais; (f) treino e formação profissional, e (g) serviços de apoio.

A formação visa aumentar as capacidades profissionais das pessoas, preparando-as para as suas carreiras. Pode ser fomentada pela organização ou ser desenvolvida pelo próprio trabalhador. Há dois aspetos fundamentais a sublinhar na formação profissional: (1) reforço da polivalência do trabalhador; (2) integração de componentes de organização e gestão a todos os níveis da organização de forma a facilitar os processos de mudança.

No desenvolvimento dos seus planos de formação, as organizações podem optar por formadores internos ou externos. Os formadores internos são mais adequados ao treino ou a ações de formação profissional que visam o desempenho dos trabalhadores. Para ações de formação decorrentes de mudanças na organização que visam a alteração de mentalidades ou de comportamento, deve recorrer-se a formadores externos.

Com as ações de formação pretende-se o desenvolvimento das qualidades e capacidades dos trabalhadores, nomeadamente:

– Preparar as pessoas para a execução das tarefas.
– Proporcionar um contínuo desenvolvimento pessoal.
– Mudar a atitude e mentalidade das pessoas.

O processo de formação implica quatro fases:

- Levantamento de necessidades de formação.
- Programação das ações de formação.
- Execução das ações de formação.
- Avaliação dos resultados da formação.

No que se refere ao levantamento de necessidades de formação, o diagnóstico pode ser efetuado a três níveis:

- A **nível da organização** – sistema organizacional relacionado com o alcance dos objetivos de curto, médio e longo prazo e a capacidade de adaptação à mudança.
- A **nível da análise dos recursos humanos** – capacidades, conhecimentos e atitudes dos empregados.
- A **nível da análise das tarefas** – sistemas de aquisição de capacidades. Refere-se à análise efetuada ao nível da função, requisitos exigidos pela função ao seu titular e ao modo como está a ser executada.

Os meios utilizados para o levantamento das necessidades de formação são os seguintes:

- **Avaliação de desempenho** – permite verificar quais os colaboradores que têm vindo a desempenhar as suas funções abaixo do nível desejado, mas também averiguar quais os setores da empresa que necessitam de mais formação, com vista à melhoria do desempenho no futuro.
- **Observação das ineficiências** – verificação das áreas onde haja evidências de trabalho ineficiente

(excessivos estragos nos equipamentos, problemas disciplinares, absentismo, desperdícios).
- **Questionários** – pesquisas através de questionários.
- ***Check-list* das ações de formação** – a formação é traduzida numa lista detalhada de ações onde cada pessoa escolhe a ordem dos temas em que sente necessidade de aquisição de maior capacidade ou conhecimento.
- **Entrevista de avaliação de desempenho** – bastante eficaz na determinação das necessidades de formação. Também as entrevistas de despedimento ou abandono de empresa, as transferências e as promoções, podem ser boas fornecedoras de necessidades de formação.
- **Solicitações dos supervisores e gestores** – ações de formação solicitadas pela própria hierarquia para os seus colaboradores.

Além de um plano de formação que cubra as necessidades do conjunto da organização, podem também ser delineados planos de formação individuais, que cubram necessidades dos colaboradores em áreas específicas.

Não obstante a formação, quer em sala quer no posto de trabalho, poder ser usada para desenvolver as capacidades dos colaboradores, a fase de **desenvolvimento** inclui atividades adicionais com vista a ajudar o colaborador a crescer e adquirir capacidades e competências em áreas específicas, como formação académica e profissional, *mentoring, coaching*, rotação de funções e programas de assistência.

Avaliação de Desempenho

A avaliação de desempenho é um processo de apreciação sistemática do desempenho dos colaboradores no exercício das suas funções, que contribui para o seu desenvolvimento futuro. É um processo pelo qual a organização identifica em que medida o desempenho de cada trabalhador contribui para satisfazer os objetivos estratégicos e atingir os resultados da organização.

A avaliação de desempenho pode ser definida como uma interação entre o avaliador e o avaliado, em que o trabalho desenvolvido ao longo do período é analisado e discutido por ambas as partes, a fim de identificar os aspetos positivos e negativos do desempenho e encontrar oportunidades de desenvolvimento e melhoria, proporcionando ao avaliado a possibilidade de saber sempre o que a organização espera do seu desempenho.

Processo de Avaliação de Desempenho

A avaliação de desempenho é um processo que deve ser encarado como um acompanhamento contínuo, onde dar e receber *feedbak* constitui o essencial do percurso que culmina no momento final da notação (Figura 1.2):

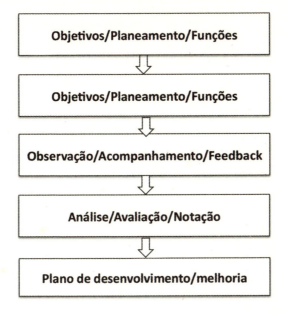

Figura 1.2 Processo de Avaliação de Desempenho

A avaliação de desempenho permite, por um lado, validar os sistemas de recrutamento e seleção utilizados pela empresa e, por outro, medir o contributo individual para o alcance dos objetivos estratégicos da organização. Assenta na fixação prévia de objetivos, que devem ser quantificados, calendarizados e alcançáveis e o seu sucesso depende do compromisso do avaliado em procurar atingí-los. Os objetivos fixados são de diversa natureza, avultando os objetivos da equipa, que traduzem os resultados esperados de toda a unidade de negócios a que o avaliado pertence e os objetivos individuais, cujo resultado depende do seu esforço pessoal para os atingir.

Da avaliação de desempenho podem resultar três consequências principais:

- A gestão de remunerações.
- A determinação do potencial do empregado.
- A identificação de necessidades de formação para colmatar áreas de oportunidade que tenham sido detetadas.

A avaliação de desempenho individual é um instrumento de medida que consiste na apreciação sistemática do comportamento do indivíduo na função que ocupa, suportada na análise objetiva do comportamento desse mesmo indivíduo no trabalho e na comunicação do resultado da avaliação.

São os seguintes os objetivos mais relevantes da avaliação de desempenho:

- Orientar o progresso e os resultados da organização.
- Apoiar o desenvolvimento da organização, face às mudanças que ocorrem no seu meio envolvvente.
- Motivar os trabalhadores no sentido de desenvolverem continuamente as suas capacidades, de modo a tornarem-se progressivamente mais valiosos para a organização.
- Validar os métodos de recrutamento e seleção.
- Detetar áreas de desatualização profissional e daí partir para ações de formação.
- Fundamentar as promoções.
- Fundamentar as renovações contratuais.
- Orientar a afetação dos recursos humanos em conformidade com as suas aptidões.
- Fundamentar a atribuição de benefícios e compensações.
- Fornecer a cada indivíduo uma ideia clara do resultado do seu trabalho.

- Avaliar a quota parte de responsabilidades da hierarquia por um eventual mau desempenho.

Vantagens e Problemas da Avaliação de Desempenho

A avaliação de desempenho tem vantagens para o avaliado, para a chefia e para a organização. Para o avaliado, tem as seguintes vantagens, porque permite saber previamente:

- Quais os seus objetivos.
- Como, quando e quem vai medir o seu desempenho.
- Fazer uma reflexão sobre o seu desempenho e as áreas que carecem de melhoria.
- Comunicar de modo aberto com a hierarquia, negociando aspetos de carreira, de formação, de compensação, etc.

Para a organização, a avaliação do desempenho tem as seguintes vantagens:

- É um instrumento de medição do potencial dos seus recursos humanos.
- É um instrumento de apoio à política de formação, promoções e compensações.

Para a chefia tem também vantagens, como:

- Dispor de um instrumento que ajude a minimizar a subjetividade da avaliação.

- Propor medidas que visem melhorar o desempenho do colaborador.
- Comunicar de forma franca e aberta com os colaboradores.

Mas a avaliação do desempenho tem também problemas, sendo os seguintes os mais frequentes:

- Definição dos parâmetros de avaliação e do seu peso no resultado final.
- Diferentes padrões de rigor na avaliação, na medida em que há avaliadores mais rigorosos que outros.
- O efeito de halo, que consiste na tendência para o avaliador classificar uma multiplicidade de fatores com base na impressão que lhe causou uma classificação baixa ou elevada num único fator.
- A baixa motivação do avaliador, que hesita em atribuir uma classificação baixa para evitar problemas.
- A tendência para nivelar pela média, não separando o bom desempenho do fraco desempenho.
- Tendência para inflacionar a avaliação de ano para ano.
- Dificuldades de comunicação ao avaliado, especialmente no que respeita aos parâmetros avaliados de forma negativa.

Erros mais Comuns na Avaliação de Desempenho

Ter consciência das distorções que involuntariamente se fazem ao avaliar pessoas é um dos passos mais importantes para reduzir a subjetividade na avaliação. Os erros e distorções mais comuns são os seguintes:

- **Efeito de Halo ou efeito de Horn** – tendência para estender a todo o desempenho aspetos positivos ou negativos desse desempenho. Assim, quando um notador tem uma opinião favorável acerca de uma caraterística do trabalhador, tem tendência a considerá--lo bom em todos os fatores (efeito de Halo) e se tem uma opinião desfavorável relativamente a um comportamento de um trabalhador, tem tendência a considerá-lo negativamente em todos os fatores (efeito de Horn).
Os efeitos de Halo e de Horn são muito difíceis de evitar. A única forma de os reduzir, para além de estar atento e ter consciência deles, é através de formação dos notadores, a qual deverá incluir formação prática com o guia de pontuação que faz parte integrante das fichas de notação, devendo ser sempre considerado um fator de cada vez.
- **Erro de tendência central** – tendência para atribuir a nota média. Um notador não informado ou mal preparado adota normalmente duas posições: evita classificações baixas, com receio de prejudicar os seus subordinados ou evita classificações elevadas, receando comprometer-se futuramente. Este erro tem maior propensão a ocorrer quando o avaliador quer evitar a justificação da atribuição de notações nos extremos da escala. Para reduzir este erro, o notador deverá ter em atenção que esta situação retira todo o significado à avaliação e procurar não ter receio de atribuir notas altas ou baixas fundamentadamente.

- **Efeito de recenticidade** – tendência para dar relevo a situações recentes que marcaram a vida profissional do colaborador. O avaliador tende a lembrar preferencialmente as situações que aconteceram mais recentemente, acabando estas por ter um efeito desproporcional na avaliação. Este erro pode ser reduzido se, durante todo o período em avaliação, o notador for tomando notas regularmente sobre o desempenho do trabalhador.
- **Erro de complacência e rigor excessivo** – notadores condescendentes estabelecem padrões de avaliação muito baixos e notadores muito exigentes definem padrões de desempenho muito elevados, que os trabalhadores não podem atingir. Tais avaliações apenas refletem a personalidade do notador e não o desempenho real dos colaboradores. Este erro pode ser reduzido através de uma definição conjunta, entre avaliador e avaliado, dos objetivos e metas a atingir.
- **Erro de primeira impressão** – a primeira impressão que o avaliador forma do avaliado tem tendência a permanecer e a sobrepor-se ao desempenho real. Se o notador formou, por exemplo, uma primeira ideia de que um trabalhador é pouco responsável, essa impressão permanecerá mesmo que o trabalhador tenha conseguido tornar-se substancialmente responsável. Para reduzir este erro, o notador, para além de estar atento a esta propensão, deverá centrar-se unicamente no período em avaliação e nos resultados efetivamente atingidos pelo trabalhador.
- **Erro de semelhança** – propensão a avaliar o trabalhador à semelhança de si próprio. O notador julga mais favoravelmente os trabalhadores que se

identificam mais consigo próprio (mesmo meio social, frequência da mesma universidade, caraterísticas de personalidade semelhantes, pertença ao mesmo grupo recreativo ou cultural etc.). Para corrigir este erro, o notador deve estar atento a esta propensão e compreender que ela pode desvirtuar consideravelmente a avaliação.

- **Erro de fadiga ou de rotina** – propensão a não prestar muita atenção ao processo de avaliação, quando se tem de avaliar muitos trabalhadores ao mesmo tempo. Esta situação pode distorcer consideravelmente a avaliação. Uma forma de evitar este erro é procurar planear o processo de forma a concentrar-se num pequeno número de trabalhadores de cada vez.
- **Incompreensão do significado dos fatores** – apreciação de qualidades diversas das desejadas, por incompreensão ou distorção do sentido do fator. Este erro pode ser corrigido através de formação dos notadores que inclua interpretação e discussão de cada fator.

Fontes de Avaliação de Desempenho

A avaliação de desempenho compete tradicionalmente à hierarquia direta do avaliado, que é exercida no âmbito das suas funções, intervindo, por vezes, também o nível hierárquico superior. No entanto, pode ser feita por outras fontes, designadamente:

- Pelo próprio avaliado (autoavaliação).
- Pelos superiores hierárquicos.

- Pelos subordinados que avaliam os superiores.
- Pelos pares.
- Avaliação multi-avaliadores ou avaliação de 360°.
- Outras fontes de avaliação, como os comités de avaliação, a avaliação múltipla e o cliente mistério.

A autoavaliação, feita pelo subordinado, é importante do ponto de vista organizacional, por obrigar o avaliador a ter que preparar melhor a sua argumentação e a poder adotar uma atitude construtiva. É também importante porque incentiva o envolvimento e a responsabilização do avaliado, permitindo-lhe confrontar a sua própria avaliação com a da hierarquia acerca dos pontos fortes e fracos do seu desempenho. Tem também problemas, como o inflacionamento das apreciações que cada avaliado faz acerca do seu desempenho. Trata-se de um método que apenas deverá ser usado quando a maturidade intelectual dos indivíduos o permita. Exige que o avaliado entenda bem o alcance dos parâmetros em equação e da relatividade da sua própria avaliação no contexto do grupo de trabalho. Por si só tem um alcance limitado, não servindo como um verdadeiro método de avaliação, mas apenas para confrontar com a avaliação feita pelo avaliador.

O segundo método é o mais usado, tanto nas empresas como na administração pública, assumindo-se que o superior hierárquico é a pessoa melhor colocada para avaliar os subordinados.

O terceiro método é bastante usado no sistema de ensino, onde os estudantes avaliam a capacidade pedagógica dos professores. Tem, todavia, limitações e desvios que tem conduzido ao inêxito de experiências levadas a cabo noutras escolas.

O quarto método é pouco usado, devido à carga emocional que transfere para o grupo de trabalho, além de carecer de ser cruzado com outro método para corrigir desvios.

A avaliação 360° é aplicada aos processos em que o colaborador é avaliado por vários atores que afetam ou são afetados pelo seu desempenho, como sejam os superiores hierárquicos, os colegas, os subordinados, os clientes internos e externos e os fornecedores. Este tipo de avaliação requer um clima organizacional favorável, caso contrário pode ter efeitos nefastos para o avaliado e para a própria organização, pela dificuldade de operacionalização do sistema, pela morosidade que pode implicar e pela desconfiança que pode gerar.

De referir também os denominados comités de avaliação, em que vários superiores hierárquicos funcionam como verdadeiros juízes, discutindo a avaliação a atribuir a cada elemento. Alternativamente, pode invocar-se o denominado sistema de avaliação múltipla em que vários superiores avaliam separadamente o mesmo trabalhador, sendo a avaliação final a média das avaliações individuais.

Finalmente, algumas empresas, como as lojas comerciais e os supermercados, têm vindo a utilizar a técnica do "cliente mistério" para avaliarem periodicamente o desempenho dos seus colaboradores. O "cliente mistério" é um elemento da equipa de avaliação que faz uma visita como "cliente" ao estabelecimento, com o objetivo de observar o comportamento e desempenho dos colaboradores. O seu relatório é analisado internamente e constitui um elemento de avaliação, podendo dar origem a iniciativas de melhoria do desempenho.

Métodos e Instrumentos de Avaliação de Desempenho

Apesar da importância da existência de um sistema de avaliação de desempenho, não é fácil desenvolver instrumentos que permitam medir o desempenho de forma justa e rigorosa. Os métodos e instrumentos de avaliação de desempenho podem revestir diversas formas, em função do objetivo em que focalizam a sua atenção.

Os gestores podem utilizar vários métodos de avaliação, sendo os seguintes os mais frequentemente usados, agrupados de acordo com as respetivas abordagens:

1. Abordagens centradas na personalidade
   1.1. Escalas ancoradas em traços.
2. Abordagens centradas nos comportamentos
   2.1. Incidentes críticos.
   2.2. Escalas de escolha forçada.
   2.3. Escalas ancoradas em comportamentos.
3. Abordagens centradas na comparação entre os avaliados
   3.1. Ordenação simples
   3.2. Comparação com os pares.
   3.3. Distribuição forçada.
4. Abordagem centrada nos resultados
   4.1. Gestão por objetivos.
5. Avaliação multiavaliador ou avaliação 360°

1. Abordagens Centradas na Personalidade

Segundo esta abordagem, a avaliação de desempenho deve exprimir julgamentos exatos sobre o avaliado, o que só é possível se forem utilizados instrumentos de avaliação bem construídos. Esta abordagem, designada por metáfora do teste, foi muito usada nos primórdios da avaliação do desempenho, nos inícios do século XX, mas tem vindo a ser progressivamente abandonada (Caetano e Vala, 2002).

As escalas ancoradas em traços consistem na apresentação de traços de personalidade que funcionam como fatores de avaliação e linhas contínuas relativas a cada um, onde se colocam, em posição equidistante números ou objetivos que funcionam como âncoras para o avaliador se pronunciar. Este método permite apurar avaliações em cada um dos traços/fatores e uma avaliação global, através da combinação de todas as avaliações em cada traço ou fator. Naturalmente é suposto que os traços constitutivos da escala e sujeitos a avaliação sejam relevantes para um desempenho eficaz numa determinada função.

2. Abordagens Centradas nos Comportamentos

Método dos incidentes críticos

Consiste no registo sistemático, por parte dos avaliadores, de todas as ocorrências que traduzem desempenhos excelentes ou deficientes dos colaboradores e que tenham impacto significativo. É um processo de avaliação contínua que assenta nos registos feitos ao longo de um determinado período de tempo. Este método tem a vantagem de ser muito fácil dar *feedback* aos avaliados, na medida em que se baseia em aspetos comportamentais específicos que servem para fundamentar os julgamentos que os avaliadores fazem sobre os seus avaliados. Porém, este método tem a desvantagem de não existir uma forma de controlar a arbitrariedade do avaliador sobre a escolha dos acontecimentos que regista. Por outro lado, este método não permite fazer comparações entre os avaliados, por não implicar uma quantificação do desempenho do avaliado.

Escalas de escolha forçada

Consiste em apresentar ao avaliador um conjunto de afirmações, tendo este que escolher as que considere mais representativas do desempenho do avaliado, cuja resposta está limitada a duas opções do género sim ou não. O avaliador terá que escolher aquela que mais se adequa e a que menos se adequa ao desempenho do avaliado. Cada conjunto de afirmações diz respeito a um critério ou dimensão do desempenho.

Exemplo de uma escala de escolha forçada:

Afirmações	Sim	Não
1. Faz sempre o que lhe mandam		
2. Aceita críticas construtivas		
3. Hesita em tomar decisões		
4. Tem pouca iniciativa		
5. Expressa-se com dificuldade		
6. Merece toda a confiança		
7. É dinâmico		

Escalas ancoradas em comportamentos

Trata-se de escalas criadas como alternativa às escalas baseadas em adjetivos ou números e que em vez de incidirem em atitudes, sentimentos ou traços de personalidade do avaliado, procuram centrar-se em comportamentos verificados ou inferidos a partir da observação da sua atuação. No lugar dos adjetivos ou números aparecem apenas descrições de comportamentos exemplificativos de diferentes graus de eficácia em cada dimensão a avaliar.

As escalas ancoradas em comportamentos permitem que os avaliadores dêem o *feedback* aos avaliados de forma clara, na medida em que assentam em comportamentos específicos. Por outro lado, estas escalas permitem comparar os avaliados dado que se obtém uma quantificação para cada uma das dimensões.

Exemplo de uma escala ancorada em comportamentos:

	Muito bom	Bom	Médio	Fraco	Muito fraco
Produção	Ultrapassa sempre as exigências da função	Ultrapassa com frequência as exigências da função	Satisfaz as exigências da função	**Às vezes ultrapassa as exigências da função**	Sempre abaixo das exigências da função
Qualidade	Sempre superior e muitas vezes excecional	**Às vezes superior. Bastante cuidadoso no trabalho**	Sempre satisfatória Cuidado regular no trabalho	Parcialmente satisfatória Apresenta por vezes erros	Nunca satisfatória Apresenta grande número de erros
Conhecimento do trabalho	Conhece tudo o que é necessário e está sempre disponível para aprender	Conhece quase tudo o que é necessário	Conhece os aspetos importantes		
Espírito de colaboração	Possui excelente espírito de equipa				

Escalas de observação comportamental

Estas escalas diferem da anterior na medida em que, enquanto aquelas avaliam o grau de semelhança entre o desempenho observado e a descrição comportamental, estas pretendem saber qual a frequência com que o avaliado manifesta o comportamento descrito. Esta escala visa superar as impressões gerais (subjetividade) das primeiras, através do registo estatístico do número de vezes em que um determinado comportamento é efetivamente manifestado (objetividade).

Estas escalas consistem em listagens de descrições comportamentais que traduzem a atividade do avaliado nos seus aspetos considerados mais importantes, devendo os avaliadores indicarem, numa escala originariamente de 5 pontos, a frequência com que se verifica cada um dos comportamentos, obtendo-se uma pontuação total através da soma dos valores de cada item.

Exemplo de uma escala de observação comportamental para avaliação de um *front office* num banco:

	5 Sempre	4	3	2	1 Nunca
1. Tem boa aparência.					
2. Usa as palavras por favor quando solicita alguma coisa aos clientes.					
3. Atende o telefone sempre, no máximo, ao terceiro toque.					
4. Fuma em presença dos clientes.					
5. É pontual a chegar ao posto de trabalho.					
6. Trata os clientes pelo nome.					
7. Quando há filas de espera e pressão sobre o atendimento, conserva a calma e a boa disposição.					

3. Abordagens centradas na comparação entre os avaliados

Estes métodos permitem avaliar o desempenho dos colaboradores comparando-os com o desempenho dos seus pares. Nestes casos, trata-se de uma avaliação de desempenho relativa e não absoluta.

Ordenação simples

Este método de ordenação simples consiste em comparar o desempenho dos avaliados que desempenham funções idênticas com o intuito de obter uma lista ordenada do melhor para o pior. Este método é de simples aplicação, mas não permite compreender porque é que o avaliador ordenou determinado avaliado numa posição e não noutra, ou seja, este método de avaliação é pouco discriminante e é arbitrário, não permitindo dar um *feedback* fundamentado ao avaliado.

Comparação por pares

A comparação por pares pretende garantir que o desempenho de cada avaliado é comparado com o desempenho de todos os outros, mas com um de cada vez, o que obriga a que se formem todos os pares possíveis de avaliados. O avaliador deverá ponderar quem tem o melhor desempenho em cada um dos pares constituídos, sendo o resultado final uma hierarquização dos avaliados em função do número de vezes em que tenha sido definido o melhor.

O número de pares possíveis de formar com n indivíduos é o número de combinações que é possível formar com os n indivíduos agrupados dois a dois, ou seja:

$N (n-1) / 2$, em que n é o número de avaliados

Se, por exemplo, tivermos 10 avaliados, então é possível formar 45 pares de indivíduos:

$10 (10-1) / 2 = 45$ pares

Distribuição forçada

Este método consiste na distribuição dos colaboradores em graus de desempenho, por exemplo, excelente, bom, satisfatório, medíocre e insatisfatório, para as quais é determinada uma percentagem de avaliados para cada uma daquelas categorias. Os graus de desempenho são previamente estabelecidos, podendo ser três, cinco ou mais, devendo o avaliador integrar uma determinada percentagem de avaliados em cada um desses graus. Por exemplo, apenas poderá haver 10% de trabalhadores classificados como excelentes.

Este método é muito utilizado por grandes empresas e está associado a estratégias de gestão de recursos humanos ao nível das promoções e recompensas. Tem como objetivo fundamental obrigar os avaliadores a serem mais criteriosos e seletivos no processo de avaliação e, muitas vezes, está associado a estratégias de contenção ou redução de custos.

4. Abordagem centrada nos resultados. Avaliação por objetivos

Insere-se na gestão por objetivos e consiste na análise dos resultados do desempenho dos colaboradores, tendo como padrão de comparação objetivos previamente definidos e negociados com cada um. Este método visa, por um lado, criar critérios objetivos de medida e, por outro, facilitar a avaliação, uma vez que o avaliado participa na definição dos padrões de desempenho e na análise dos resultados. Neste tipo de avaliação, há que distinguir os objetivos individuais dos objetivos da equipa.

5. Avaliação multiavaliador ou avaliação de 360°

Este método é aplicado aos processos em que o colaborador é avaliado por vários atores que afetam ou são afetados pelo seu desempenho, como sejam os superiores hierárquicos, os colegas, os subordinados, os clientes internos e externos e os fornecedores. Daí a designação de avaliação multiavaliador ou avaliação 360°.

A principal vantagem deste método reside no facto do avaliado receber *feedback* de vários tipos de avaliadores, recolhido através de um questionário estruturado, respondido anonimamente pelas diversas fontes, com base em diferentes perspetivas. O *feedback* 360° requer um clima organizacional favorável, caso contrário pode ter efeitos nefastos para o avaliado e para a própria organização, pela dificuldade de operacionalização do sistema, morosidade que pode implicar e pela desconfiança que pode gerar.

Apesar das suas virtualidades, a avaliação 360° pode ter efeitos negativos para o avaliado e para a própria organização, se o contexto organizacional e o estilo de gestão se basearem em princípios de desconfiança, de discricionariedade e de controlo prévio.

Entrevista de Avaliação de Desempenho

A entrevista de avaliação de desempenho é o momento em que o avaliador e o avaliado discutem o desempenho do avaliado, durante o período em análise e perspetivam o trabalho futuro do colaborador.

Objetivos da Entrevista de Avaliação de Desempenho
A entrevista de avaliação de desempenho tem, entre outros, os seguintes objetivos:

- Analisar o desempenho ocorrido no período em avaliação, identificando os aspetos positivos e negativos,

por comparação com padrões de desempenho tomados por referência ou objetivos que tenham sido previamente definidos.
- Diagnosticar as causas dos aspetos negativos e discutir formas de as superar.
- Estabelecer programas de formação individualizados que visem a melhoria do desempenho e/ou apoiem a evolução da carreira.
- Estabelecer objetivos para o futuro e negociar formas de apoio ao cumprimento desses objetivos.
- Motivar o empregado para o cumprimento dos objetivos acordados e para o investimento pessoal na sua progressão profissional.
- Fortalecer o relacionamento interpessoal, através de uma discussão aberta e franca sobre todas as questões que se mostrem úteis para o subordinado, para a hierarquia e para a organização.

Preparação das Reuniões

As reuniões entre notador e notado são de grande importância no processo de avaliação de desempenho, por constituírem momentos privilegiados de reflexão e comunicação entre o superior hierárquico e o trabalhador. Este diálogo deverá ser objeto de uma cuidadosa preparação para ter resultados frutíferos. O notador deverá, antes de mais, rever o "Guia de Pontuação" que faz parte integrante das fichas de notação, nomeadamente analisar os fatores de avaliação, e recordar os erros e propensões mais comuns que poderão distorcer o rigor da avaliação. Deverá também rever, com atenção, os princípios e objetivos da avaliação do desempenho, consagrados na lei, quando for o caso.

Após esta reflexão inicial, a preparação da reunião inclui ainda os seguintes aspetos:

- Planear o esquema da reunião, bem como o seu encadeamento, não esquecendo o aviso ao notado, com antecedência, da data da realização da reunião, para que este tenha também tempo de se preparar.
- Preparar o local onde decorrerá a reunião, designadamente tornando-o agradável, sem obstáculos à comunicação, utilizando preferencialmente uma mesa redonda, com o mínimo de pastas e papéis e tomando as providências necessárias para que a reunião não seja interrompida.
- Se se tratar da reunião inicial, que se destina ao planeamento das atividades do ano que vai ser objeto de avaliação, o avaliador deverá elaborar o planeamento anual das atividades a desenvolver pelo trabalhador, definindo os objetivos, metas e resultados a atingir, tendo em conta:
  a. As linhas de orientação estratégica e o plano de atividades da direção ou do serviço ou chefia.
  b. O conteúdo funcional do trabalho.
  c. Os recursos e meios necessários.
- Na preparação da reunião final, que se destina à apreciação final do desempenho do avaliado, o avaliador deve recolher os dados relevantes para apreciação do desempenho do trabalhador, durante o período sobre qual vai recair a avaliação e analisá-los cuidadosa e objetivamente, definir os factos que devam ser abordados, bem como tentar prever as reações do notado a essa abordagem. Seguidamente, o notador deverá analisar os dados referentes ao desempenho do trabalhador

face a cada fator de avaliação, constante do "Guia de Pontuação" de cada ficha de notação, e atribuir, justificadamente, uma pontuação provisória a ser discutida com o trabalhador durante a reunião e passível das alterações que se revelarem justificadas.

- Quando a reunião inicial e a reunião final se realizem conjuntamente, constituindo uma única reunião, o notador deverá efetuar a sua preparação, abrangendo todos os aspetos referentes a cada uma delas.
- Na preparação da reunião, a realizar a meio do período em avaliação, que se destina ao acompanhamento do desempenho do trabalhador, o notador deverá recolher e analisar os dados relevantes para apreciação preliminar do desempenho do trabalhador que permitam verificar em que medida os objetivos, metas e resultados, definidos na reunião inicial, estão a ser atingidos até ao momento e identificar os problemas e situações a serem analisados conjuntamente com o trabalhador, a fim de se procederem aos ajustamentos que se revelem necessários.

Durante as Reuniões

Existem três formas de conduzir uma entrevista de avaliação de desempenho:

- **Dizer e vender** (*telling and selling*) – o avaliador dá a conhecer ao avaliado como é que este desempenhou a sua função e transmiti-lhe a sua opinião. Quando se conduzem entrevistas com base neste princípio, podem surgir desentendimentos, que tendem a repercutir-se para além da entrevista.

- **Dizer e ouvir** (*telling and listening*) – o avaliador comunica ao avaliado os pontos fracos e fortes do seu desempenho e, em simultâneo, pede ao avaliado que dê a sua opinião sobre os diferentes aspetos que vai referindo.
- **Resolução de problemas** (*solving problems*) – o avaliador tenta maximizar a participação do avaliado na discussão sobre o seu desempenho e na concretização das melhores soluções para superar eventuais deficiências. É geralmente considerada a melhor base para uma avaliação de desempenho.

Durante a entrevista, o avaliador deverá procurar que haja sempre lugar a uma troca de impressões com o avaliado e ter em consideração os seguintes princípios:

- Analisar e discutir o desempenho do trabalhador.
- Evitar pastas e papéis desnecessários sobre a secretária. Há que transmitir a ideia de disponibilidade.
- Usar de naturalidade no acolhimento do trabalhador. Qualquer familiaridade não habitual só inspirará desconfiança.
- Pôr o trabalhador à vontade, evitando atitudes autoritárias ou de crítica.
- Dar-lhe a palavra. Saber ouvir com atenção tudo o que o trabalhador tem para dizer sobre o seu desempenho.
- Orientar a conversa de modo a aprofundar o que se pretende.
- Saber compreender – não estar atento apenas às palavras.

- Evitar discutir e corrigir continuamente os exageros e inexatidões, não querer ter sempre razão em tudo.
- Evitar substituir-se ao trabalhador, cortando-lhe a palavra ou tentando abafar as suas emoções.
- Evitar aconselhar ou consolar.
- Evitar interpretações apressadas e abusivas sobre o comportamento do trabalhador.
- Evitar atitudes paternalistas ou demagógicas.
- Adotar medidas para evitar ser interrompido durante a reunião, mesmo pelo telefone.
- Anotar os pontos em que tenha havido acordo.
- Anotar igualmente os pontos de desacordo, como os problemas que necessitem de maior aprofundamento.
- Procurar acordar objetivos, planos e compromissos de desenvolvimento para o período seguinte, visando a melhoria do desempenho.
- Analisar com o trabalhador as expectativas de desenvolvimento da sua carreira, tendo o cuidado de não fazer promessas que não tenha a certeza de poder cumprir.
- Salientar os pontos fortes da sua atuação.
- Concluir a reunião com palavras de encorajamento e estímulo à melhoria.

São vários os fatores que podem determinar e condicionar a forma como a entrevista de avaliação de desempenho se realiza:

- **O estilo de gestão do avaliador** – se o avaliador é do estilo autocrático vai realizar uma entrevista mais do tipo *dizer e vender* do que um avaliador que tenha um estilo mais participativo e democrático. As entrevistas

com avaliadores mais democráticos tendem a suscitar menos conflitos.
- **A forma como o avaliador encara a avaliação de desempenho** – os avaliadores que encaram a avaliação de desempenho como uma tarefa importante tendem a empenhar-se mais na entrevista.
- **A relação que o avaliador tem com o avaliado** – as entrevistas tendem a correr melhor quando os avaliadores têm um bom relacionamento com os avaliados.
- **O desempenho dos avaliados** – há mais probabilidades de se criar um clima cooperante quando o avaliado tem um bom desempenho.
- **Preparação dos subordinados** – é importante pedir ao subordinado que se prepare para a entrevista.

Para melhorar a entrevista de avaliação de desempenho é importante atender a alguns aspetos:

- **Especificidade do *feedback*** – o *feedback* deve ser preciso, claro e objetivo.
- ***Feedback* atempado** – o *feedback* deve ser dado logo depois da ação ocorrida.
- **Focalizar o *feedback* no comportamento** – não se deve criticar a personalidade, mas analisar apenas o comportamento do avaliado.
- **As consequências do *feedback* devem ser facilmente percetíveis** – o avaliado deve perceber facilmente como pode melhorar o seu desempenho.
- **Frequência do *feedback*** – o avaliador deve dar um *feedback* frequente ao avaliado de modo a que este identifique os problemas e os possa corrigir.

Qualidades de um Sistema de Avaliação de Desempenho

Seja qual for a modalidade do sistema de avaliação do desempenho por que se opte, para ser eficaz e eficiente, deve respeitar um conjunto de qualidades (Figura 10.3):

Qualidades de um sistema de avaliação de desempenho	
Ser discriminatório	Deve permitir distinguir os avaliados de acordo com os critérios estabelecidos.
Ser fiável	Deve cumprir os critérios de fiabilidade e validade que permitam assegurar que os resultados obtidos não dependem do avaliador ou das circunstâncias em que a avaliação é feita, mas sim dos diferentes aspetos do desempenho efetivo do avaliado.
Ser orientado para o avaliado	Deve permitir ao avaliado obter informação sobre o seu desempenho e dar orientações para o futuro, não se limitando à análise do desempenho passado. Deve contemplar instrumentos que apoiem a progressão profissional do avaliado, auxiliando-o a tomar as decisões mais corretas para o seu futuro e da organização.
Ser transparente	O sistema deve ser suficientemente claro e simples, de modo a ser entendido em toda a sua dimensão por aqueles que participam na avaliação, quer como avaliadores, quer como avaliados. Devem ser conhecidos os objetivos, os métodos e as consequências da avaliação.
Ser útil à organização	Qualquer sistema de avaliação de desempenho deve constituir um instrumento de gestão, tendo em conta os objetivos da organização. Um sistema de avaliação de desempenho não deve ser fonte de tensões e conflitos que levam à desmotivação dos colaboradores, ocupam as hierarquias a resolver os conflitos e os resultados tendem a ter reduzida fiabilidade e validade.

Figura 1.3 Qualidades de um Sistema de Avaliação de Desempenho

Compensação, Incentivos e Benefícios

As pessoas que trabalham em qualquer negócio esperam ser pagos pelo seu trabalho e muitos colaboradores esperam também alguns benefícios dos seus empregadores. Os sistemas de compensação consistem no conjunto de contrapartidas tangíveis e intangíveis que os empregados recebem em função da qualidade do desempenho, do seu contributo para a organização e da sua identificação com os valores e cultura da organização. A par da componente salarial, assume importância as formas de reconhecimento pelo trabalho realizado, quer sob a forma de responsabilidade acrescida ou promoções, quer sob a forma de prémios e outras formas de retribuir a importância da sua contribuição. O objetivo primordial de um sistema de compensação é o reforço da motivação dos empregados com o projeto de empresa.

A retribuição pelo trabalho efetuado é um dos fatores mais importantes na gestão de recursos humanos. Primeiro, porque é um dos fatores determinantes de insatisfação e desmotivação dos trabalhadores, assim como da migração de colaboradores. Segundo, porque está dependente da gestão financeira da organização, por ser na generalidade dos casos um dos principais custos.

A política de retribuição da organização deve ter como objetivos:

- Atrair e reter os melhores colaboradores.
- Motivar os colaboradores para a melhoria do desempenho e garantir um bom clima organizacional.
- Incentivar o aumento de conhecimentos, capacidades, competências e da produtividade.

Importa referir que o sistema de recompensa deve estar sintonizado com os fatores motivadores no seu trabalho. Esses fatores são, por ordem decrescente de importância:

- O sentido de realização pessoal.
- O reconhecimento dos seus pares e das chefias.

- A progressão na carreira.
- O estilo de gestão.
- A remuneração.

Conforme podemos constatar, a remuneração aparece em último lugar entre os fatores motivadores. São normalmente as recompensas ligadas ao trabalho em si, ao grau de satisfação que proporciona, ao estilo de gestão e autonomia que dá, ao reconhecimento pela obra feita e ao desenvolvimento ou progressão de carreira que motivam os trabalhadores. São os fatores intrínsecos que criam o compromisso entre o colaborador e a empresa e estimulam a consolidação de uma relação de confiança entre ambas as partes.

Existem três tipos de retribuição que se utilizam usualmente em qualquer organização:

- As **remunerações** são os ordenados e salários pagos contratualmente aos trabalhadores pelo seu trabalho, podendo ser fixos ou variáveis. O salário variável pode depender do desempenho individual ou do desempenho do grupo. Se o trabalho for desempenhado sempre em equipa, então não é aconselhável o salário depender do desempenho individual pois irá fomentar a desmotivação do grupo.
- Os **incentivos** são uma forma de retribuição por mérito do trabalhador. Geralmente são atribuídos sob a forma de remuneração que complementa o salário. Em muitas organizações, como alternativa ao salário variável, existe um salário base, sendo o restante atribuído como incentivo, de acordo com o desempenho. À semelhança dos salários variáveis, os incentivos podem ser individuais, de grupo ou coletivos. Os incentivos

individuais (bónus) e de grupo são atribuídos por mérito ou de acordo com a produtividade individual ou do grupo. Os incentivos coletivos podem ser atribuídos por ocasião de datas especiais para a organização, ou de determinados eventos ou simplesmente como forma de participação na organização, como é o caso da participação no capital através da oferta de ações da empresa (*stock options*), ou da distribuição de parte dos lucros pelos colaboradores.

- Os **benefícios** são formas de retribuição não remunerada que, contrariamente aos incentivos, não dependem do desempenho ou mérito dos trabalhadores. Normalmente os benefícios são atribuídos a todos os colaboradores da organização, excetuando-se alguns benefícios atribuídos apenas a determinadas funções ou grupos de trabalho. Os benefícios podem ser de carácter social ou outro tipo de regalias. Entre os primeiros, temos os seguros de saúde, planos complementares de reforma, assistência médica complementar, subsídios diversos. As outras regalias podem ser a utilização de automóvel da empresa, viagens, planos de férias, utilização de recursos da empresa, descontos, etc.

Estes benefícios são uma boa forma de motivação, já que bons salários não são suficientes para a motivação individual. A melhor forma de motivação é a existência de um clima organizacional saudável que responda às necessidades básicas dos indivíduos.

Despedimento
Quando os trabalhadores entram para uma organização não o fazem para toda a vida. O despedimento é o contrário

da retenção e constitui o componente mais desagradável do trabalho do gestor. Por vezes há necessidade de despedir empregados, devido a violação das regras ou por necessidades de ações de reestruturação ou *downsising* da organização.

O movimento de entradas e saídas de colaboradores constitui um índice da estabilidade da força de trabalho e um movimento excessivo é indesejável pelos custos que envolve para a organização, designadamente:

- Custos com o recrutamento e seleção.
- Custos com o aumento dos acidentes de trabalho, motivados pela falta de treino e de rotina.
- Custos com o treino e formação.
- Diminuição da produtividade até à completa adaptação dos novos trabalhadores.
- Aumento dos desperdícios.

O despedimento tem naturalmente aspetos positivos, permitindo substituir elementos não eficientes e criando oportunidades de mobilidade, de novas ideias, novos estilos, novas tecnologias e recrutamento de elementos mais jovens.

Todavia, o despedimento pode e deve ser controlado de forma a mantê-lo dentro de valores aceitáveis, tendo em conta a necessidade de rejuvenescimento da organização e as capacidades financeiras para fazer face a estes custos. Algumas formas de organização do trabalho possíveis para diminuir o despedimento poderão ser a implementação de trabalho parcial, o enriquecimento de funções (*empowerment*) de forma a tornar o trabalho mais interessante ou o teletrabalho, permitindo que o indivíduo trabalhe a partir de casa.

Os motivos subjacentes ao despedimento podem encontrar-se no interior da organização, em causas externas à organização ou no próprio indivíduo. As causas ligadas à organização podem resultar das seguintes situações:

- Atividade normal da empresa, nomeadamente rescisão de contratos, processo disciplinar ou reforma.
- Necessidade de racionalização da empresa que implique cortes no número de pessoas ao serviço (*downsizing*), fraco desempenho, salários elevados, funções com pouco valor estratégico, pré-reformas, acordos.
- Encerramento da empresa com despedimentos coletivos, reformas.

As organizações devem, no entanto, estar preparadas para fazer face a este tipo de migração de pessoas. No caso das reformas, é possível recorrer a um plano de reformas antecipadas, que possibilite planear os efeitos do abandono. Desta forma as reformas são provocadas e não aparecem de forma imprevista. Nos países europeus, as idades da reforma estão legisladas o que torna a previsão do turnover muito mais fácil.

No que se refere a despedimentos, o planeamento do *turnover* torna-se mais difícil. Os despedimentos podem ocorrer a pedido do trabalhador ou por determinação da empresa. Apesar de existir legislação que obriga a comunicação de despedimentos com antecedência por cada um dos lados, esta antecedência pode não ser suficiente para as ações de recrutamento, seleção e treino de novos profissionais.

A lei portuguesa tipifica as situações em que pode cessar a relação individual de trabalho:

- Por acordo entre as partes.
- Por caducidade do contrato de trabalho.

- Despedimento individual ocorrendo justa causa.
- Despedimento coletivo com fundamento organizativo ou técnico (*downsizing*).

O processo de despedimento deve ser cuidadoso e bem gerido, pois o trabalho tem um significado valioso para as pessoas e é um dos fatores mais importantes de afirmação e integração social. A sua perda pode ter consequências gravosas para as pessoas, tanto no campo económico como no domínio do equilíbrio emocional.

Tendo estes aspetos como referencial, o processo de despedimento deve ser complementado com as seguintes atividades:

- **Informação verdadeira e completa** – deve dar-se informação atempada e adequada à situação, de forma a evitar que a separação surja de surpresa, provocando um choque nos trabalhadores e dificultando o processo de reintegração dos mesmos.
- **Aconselhamento** – através de técnicos ou serviços especializados, apoiar os trabalhadores a restabelecer a confiança e a autoestima e a procurar um novo emprego.
- **Plano financeiro** – apoiar os trabalhadores no momento da reforma, na escolha de planos complementares de reforma, no acesso ao subsídio de desemprego.
- **Colocação no exterior** – criando ou contratando um serviço de *outplacement* para os trabalhadores no ativo ou ocupação de tempos livres para os reformados.
- **Entrevista de despedimento** – com o objetivo de detetar falhas e corrigir as causas que provocam as

saídas das pessoas. Esta entrevista deve ser feita primordialmente aos trabalhadores que abandonam a empresa por sua iniciativa e deve abranger a verificação do motivo básico da saída e a opinião do trabalhador sobre um conjunto diversificado de aspetos relacionados com a política de recursos humanos. Estas informações devem permitir:
- A análise da situação da organização e do seu ambiente de trabalho.
- A avaliação dos efeitos da gestão de recursos humanos desenvolvida pela organização.
- Definição de novas estratégias de gestão de recursos humanos.

Em suma, o processo de despedimento deve ser negociado de forma a não deixar traumas no colaborador, na organização e na sociedade, tendo em conta a importância do trabalho na vida das pessoas e os traumatismos resultantes da falta de trabalho.

Tendências Contemporâneas da Gestão de Recursos Humanos

De todas as áreas funcionais de uma empresa, a gestão de recursos humanos é a que mais mudanças tem vindo a sofrer nos últimos anos. Para além dos desafios tradicionais que se colocam à gestão dos recursos humanos, os gestores dos nossos dias enfrentam novos desafios, que são colocados pelas mudanças do meio ambiente e que afetam o desempenho das organizações. Entre essas mudanças, destacam-se quatro tendências contemporâneas na gestão dos recursos humanos com que os gestores são confrontados e para as quais têm que encontrar respostas: **diversidade da força do trabalho, recrutamento de trabalhadores do conhecimento, recurso a trabalho contingente e temporário e assédio moral e sexual.**

Um conjunto importante de desafios que se colocam aos gestores na gestão dos recursos humanos prende-se com a **diversidade da força de trabalho**, ou seja, a diversidade de atitudes, valores, crenças, e comportamentos que diferem no género, raça, idade, etnia, capacidades físicas e outras caraterísticas relevantes. No passado, as organizações tendiam a harmonizar a força de trabalho, fazendo com que todos os trabalhadores pensassem e agissem da mesma maneira. Hoje em dia, a melhoria do nível geral de formação dos trabalhadores, o surgimento de organizações de defesa dos direitos dos trabalhadores e os movimentos migratórios de pessoas com níveis culturais diferentes, tem vindo a criar um clima de maior diversidade da força de trabalho do que anteriormente.

Hoje em dia a diversidade da força de trabalho é mesmo considerada uma fonte de vantagem competitiva. Podendo contratar pessoas de um leque mais alargado, as empresas podem desenvolver uma força de trabalho de maior qualidade do que se tivessem que recrutar de um leque limitado de oferta. Acresce que uma maior diversidade da força de trabalho pode trazer um conjunto mais alargado de informação e formação e pode proporcionar informações de marketing sobre um conjunto mais alargado de consumidores.

Tradicionalmente, os trabalhadores acrescentam valor às organizações porque trazem a sua experiência; contudo, na era da informação, os trabalhadores acrescentam valor pelo seu conhecimento. Os trabalhadores que acrescentam valor pelo seu conhecimento são designados por **trabalhadores do conhecimento**, isto é, são trabalhadores cujo principal capital é o conhecimento, como é o caso dos engenheiros, informáticos e de sistemas, os economistas, os cientistas, juristas, etc., que ocupam lugares que tipicamente exigem conhecimentos altamente especializados. A contratação de colaboradores altamente especializados traz problemas específicos diferentes à gestão dos recursos humanos.

As empresas que não têm preocupações de melhorar os conhecimentos e capacidades dos seus trabalhadores não só perdem competitividade, como correm o risco dos melhores trabalhadores abandonarem a empresa. Os gestores de recursos humanos devem ter a preocupação de assegurar formação adequada aos seus trabalhadores e de compensarem ao nível do mercado os melhores colaboradores.

Uma outra tendência contemporânea da gestão de recursos humanos envolve o recrutamento crescente de trabalhadores precários e o recurso a *outsourcing* de trabalhadores cujas funções não justifique que sejam quadros da empresa. Muitas empresas recorrem cada vez mais a *outsourcing* e a trabalhadores precários para aumentar a **flexibilidade da força do trabalho** e, em muitos casos, diminuir os custos do trabalho.

Um trabalhador precário é uma pessoa que trabalha para uma empresa numa base não permanente (contrato a prazo) ou a tempo parcial. Nos últimos tempos tem-se assistido a um uso crescente deste tipo de contratos, podendo mesmo dizer-se que todas as organizações recorrem a contratos a termo.

O recurso a trabalhadores precários coloca três questões chave aos gestores de recursos humanos. Uma primeira questão que se coloca na gestão eficaz do trabalho contingente é a necessidade de planear cuidadosamente as necessidades de recurso a trabalhadores contingentes, em vez de contratar esporadicamente trabalhadores sem avaliar bem as necessidades. As empresas devem também analisar as poupanças, em termos de custo do trabalho, se recorrerem a trabalhadores contingentes.

Uma segunda que se coloca é reconhecer o que pode e não pode ser feito com recurso a trabalhadores contingentes e temporários. Por exemplo, esses trabalhadores podem ter falta de conhecimentos específicos da empresa de modo a desempenharem as suas funções com a mesma eficiência dos trabalhadores permanentes, ou esses trabalhadores não conhecem a cultura da organização e estão menos comprometidos com os objetivos da empresa.

A terceira questão chave tem a ver com a forma como integrar os trabalhadores contingentes na organização. Essas decisões podem ser simples ou mais complicadas, designadamente sobre se beneficiam ou não dos benefícios e regalias dos trabalhadores permanentes. São decisões importantes porque podem ser fonte de desmotivação ou mesmo de conflitos na organização, situações que, se forem bem geridas, podem ser facilmente evitadas.

Finalmente, uma outra tendência contemporânea da gestão dos recursos humanos é o **assédio moral e sexual**, que colocam hoje importantes desafios aos gestores, exigindo uma abordagem cuidada para minimizar os efeitos dessas práticas que afetam as organizações. Considera-se assédio moral a repetição prolongada de práticas que colocam os trabalhadores em situações humilhantes e constrangedoras durante o exercício das suas funções. Tal conduta pode manifestar-se através de comportamentos, atos, palavras e gestos, que podem causar danos à personalidade e à dignidade dos trabalhadores, fazendo-os duvidar das suas capacidades e das suas competências. Constitui assédio moral, por exemplo, manter durante muito tempo alguns trabalhadores sem funções, sem telefone e sem possibilidades de se ausentarem do local de trabalho, sob ameaça de processos disciplinares e de despedimentos.

Por sua vez, o assédio sexual é um tipo de coação de carácter sexual praticada por uma pessoa, geralmente de posição hierárquica superior, em relação a outra pessoa no local de trabalho, caraterizando-se por alguma ameaça, insinuação ou hostilidade. Constituem assédio sexual atos, contactos e convites impertinentes, desde que se caraterizem por ser uma condição para manutenção do emprego, ter influência nas promoções, prejudicar o rendimento profissional e humilhar ou intimidar a vítima.

Resumo do Capítulo

O principal objetivo do presente capítulo é analisar a gestão dos recursos humanos. A gestão de recursos humanos é uma parte importante da gestão por três razões fundamentais. Em primeiro lugar, porque pode ser uma fonte de vantagem competitiva. Segundo, porque é um elemento importante da estratégia organizacional e, em terceiro lugar, porque a forma como as organizações tratam os seus recursos humanos tem um impacto significativo no desempenho organizacional.

Pela sua importância, a gestão dos recursos humanos não pode ser negligenciada pelas organizações. As pessoas são um dos recursos mais valiosos das organizações, mas são também seres humanos, com os seus problemas, as suas atitudes, os seus comportamentos, que desencadeiam diferentes graus de motivação ou desmotivação. Cabe aos gestores a difícil tarefa de gerir e coordenar as diferentes capacidades e sensibilidades existentes na organização, no sentido de obter o melhor desempenho para as pessoas e para a organização.

Neste capítulo, foram analisadas as diferentes áreas da gestão de recursos humanos, desde o recrutamento, seleção, avaliação do desempenho, passando pelos sistemas de remunerações, incentivos, gestão de carreiras e despedimento e descritos os principais métodos e instrumentos usadas pelos gestores na avaliação do desempenho dos seus colaboradores.

Finalmente, foram abordadas as tendências contemporâneas da gestão dos recursos humanos, designadamente questões como a diversidade da força do trabalho, o surgimento dos trabalhadores do conhecimento que trazem novas responsabilidades às organizações, o surgimento do trabalho contingente e temporário e o assédio moral e sexual no local de trabalho, que são novos desafios que os gestores enfrentam na atualidade

Questões

1. Defina gestão de recursos humanos.
2. Explique como os gestores planeiam as necessidades de recursos humanos para as suas organizações.
3. Descreva as diferenças entre recrutamento e seleção.
4. Descreva as fases do processo de recrutamento.
5. Quais as vantagens e desvantagens do recrutamento interno e externo? Em que circunstâncias é cada um mais adequado?
6. A entrevista é o método mais comum para preencher vagas numa organização. Comente.
7. Descreva como os gestores desenvolvem a força de trabalho nas suas organizações através da formação e da avaliação do desempenho.
8. Descreva as principais componentes de um sistema de compensações de uma empresa.
9. O que entende por Gestão do Desempenho e qual o papel que deve assumir na Gestão de Recursos Humanos?
10. Quais as funções e objetivos de um sistema de avaliação do desempenho?
11. Quais as vantagens e utilidade da existência de um sistema de avaliação de desempenho para as empresas e para os trabalhadores?
12. Porque falham alguns sistemas de avaliação de desempenho?
13. Qual a finalidade da entrevista de avaliação de desempenho?
14. Explique as várias abordagens usadas pelos gestores para avaliar o desempenho dos colaboradores.

15. Explique os principais estilos que o avaliador pode adotar durante a entrevista de avaliação de desempenho. Em qual dos estilos se revê. Explique.
16. Quais os erros e distorções mais comuns cometidos pelos avaliadores no processo de avaliação do desempenho?
17. Identifique o que o gestor pode fazer para minimizar as distorções na avaliação de desempenho dos seus colaboradores.
18. Explique a opção de redução do número de trabalhadores (*downsizing*).

Referências

Almeida, F. N. (1996), Avaliação de Desempenho, McGraw-Hill, Lisboa.

Caetano, A. e Vala, J. (2002), Gestão de Recursos Humanos: Contexto, Processos e Técnicas, 2ª edição, RH Editora, Lisboa.

Caetano, A. (2008), Avaliação do Desempenho: O Essencial que Avaliadores e Avaliados Precisam de Saber, Livros Horizonte, Lisboa.

Câmara, P., Guerra P. e Rodrigues, J. V. (2013). Humanator XXI – Recursos Humanos e Sucesso Empresarial, 6ª Edição melhorada, Publicações D. Quixote, Lisboa.

Donnelly, Gibson e Ivancevich (2000), Administração: Princípios de Gestão Empresarial, 10ª Edição, McGraw-Hill, Lisboa.

Lisboa, J. et al. (2005), Gestão de Recursos Humanos nas Organizações, Vida Económica, Porto.

Peretti, J. M. (2007), Recursos Humanos, 3ª edição, Edições Sílabo, Lisboa.

Rocha, J. A. (1999), Gestão de Recursos Humanos, Editorial Presença, Lisboa.

Rocha, J.A. (2010), Gestão de Recursos Humanos na Administração Pública, 3ª Edição, Escolar Editora, Lisboa.

Rocha, O. e Dantas J. C. (2007), Avaliação do Desempenho e Gestão por Objetivos, Editora Rei dos livros, Lisboa.

Capítulo 2
Gestão de Equipas, Conflito e Negociação

Uma das funções mais críticas dos gestores consiste em gerir as suas equipas, de modo a atingir os objetivos definidos e maximizar o desempenho das organizações. Neste novo século muitas tarefas são demasiado complexas para poderem ser desempenhadas por pessoas individualmente, pelo que os gestores, qualquer que seja a dimensão das suas organizações, são forçados a promover a criação de equipas para melhorar a produtividade, aumentar a responsabilidade perante os clientes, fomentar a inovação e motivar os trabalhadores.

Neste capítulo, vamos estudar os tipos de equipas usadas pelos gestores e detalhar como podem contribuir para a eficácia das organizações. Procurar-se-á também descrever as caraterísticas mais importantes dos grupos nas organizações, analisar as causas de conflitos e apresentar soluções para dirimir os conflitos intergrupos ou intragrupos e ainda identificar as principais razões para o aparecimento de grupos informais dentro das organizações.

Finalmente, são também apresentadas as dinâmicas internas, designadamente as principais técnicas de negociação intra e intergrupos e as dinâmicas externas que vão desde o *networking* social às relações dentro da equipa, como a competição e a cooperação.

Depois de ler e refletir sobre este capítulo, o leitor deve ser capaz de:

- Compreender como se formam os grupos e as equipas.
- Identificar os principais tipos de grupos e equipas.
- Explicar como os grupos e as equipas contribuem decisivamente para a eficácia das organizações.
- Identificar os diferentes tipos de grupos e equipas que podem ajudar as organizações a atingir os objetivos.
- Explicar como as diferentes dinâmicas dos elementos do grupo influenciam o funcionamento e eficácia de grupos e equipas.
- Descrever como os gestores podem motivar os membros do grupo a atingir os objetivos da organização.
- Conhecer as diferentes abordagens da resolução de um conflito.
- Gerir os conflitos nas equipas através da comunicação e negociação.

Caraterísticas do Trabalho em Equipa

Um **grupo** é um conjunto reduzido de indivíduos interdependentes que se reúnem para alcançar objetivos comuns. Um grupo de trabalho pode definir-se como duas ou mais pessoas que interagem entre si para compartilhar informações, tomar decisões e atingir os objetivos organizacionais. Mas um grupo de trabalho não é a mesma coisa que uma equipa. Uma **equipa** é um grupo de pessoas com capacidades complementares, cujos membros trabalham intensivamente entre si para atingirem um objetivo comum.

Desta definição resulta que grupo e equipa não são a mesma coisa. Todas as equipas são grupos, mas nem todos os grupos são equipas. Uma equipa é mais do que um grupo de trabalho. As equipas são mais difíceis de formar do que os grupos e demora tempo a que os seus membros aprendam a trabalhar em equipa.

As equipas partilham objetivos de desempenho. Os indivíduos nas equipas são mutuamente responsáveis pelos resultados finais. Numa equipa todos são responsáveis pelos resultados da equipa. Se um membro da equipa é negligente, todos os membros da equipa são responsáveis e são afetados pelos resultados. Numa equipa ganham todos ou perdem todos. Não há vitoriosos ou perdedores individuais.

Como os membros da equipa têm que trabalhar intensamente uns com os outros, pode, por vezes, ser difícil formar equipas e exigir um período mais ou menos longo de aprendizagem de trabalho em conjunto. Os grupos e as equipas podem ser fonte de vantagem competitiva de uma organização na medida em que:

1. Estimulam o desempenho.
2. Aumentam a responsabilidade, designadamente perante os clientes.
3. Incentivam a inovação.
4. Aumentam a motivação e a satisfação dos trabalhadores.

A principal vantagem do recurso a grupos é a oportunidade de obter sinergias em resultado da complementaridade de capacidades e talentos dos indivíduos do grupo, que permitem produzir um produto ou serviço mais valioso do que a soma das contribuições individuais. As equipas podem motivar os indivíduos a excederem-se e potenciarem ao limite as suas próprias capacidades.

Benefícios do Trabalho em Equipa

No século XXI muitas tarefas são tão complexas e exigem uma tal vastidão de conhecimentos e competências multidisciplinares que não podem ser executadas por indivíduos isoladamente. A partir dos finais do século XX, algumas grandes empresas, como a Toyota e a Volvo, sentiram necessidade de introdução de equipas nos seus métodos e processos organizativos. Hoje em dia todas as empresas a nível mundial recorrem ao trabalho de equipas polivalentes a diversos níveis das suas organizações.

As razões do recurso sistemático a grupos ou equipas de trabalho deve-se ao facto de diversos estudos empíricos demonstrarem que as equipas normalmente têm um desempenho superior ao dos indivíduos considerados individualmente, sempre que as tarefas são complexas e exigem múltiplas capacidades e experiências diversificadas. Nos seus processos de reestruturação, com vista a tornarem-se mais eficazes e mais competitivas, as empresas formam equipas com o objectivo de potenciarem os recursos e capacidades dos seus colaboradores. A experiência tem demonstrado que as equipas são mais flexíveis e receptivas a ambientes de mudança do que os tradicionais departamentos funcionais das empresas, altamente hierarquizados. Acresce que numa organização é muito mais simples criar, reorientar, absorver e dissolver equipas do que departamentos formais integrados numa estrutura orgânica.

Os benefícios do trabalho em equipa, comparativamente ao trabalho individual, incluem a redução de custos, o aumento da produtividade, a melhoria da qualidade, a rapidez na tomada de decisão e a inovação.

Redução de Custos e Aumento da Produtividade

Quando uma empresa delega funções numa equipa, os membros da equipa executam muitas tarefas que anteriormente eram levadas a cabo por elementos da estrutura formal, sob a supervisão de chefias a diversos níveis. Com a delegação de tarefas na equipa, existem menos chefias o que tem como efeito a redução de custos. Acresce que a composição transversal da equipa, em termos de competências e capacidades, permite uma redução significativa de custos, na medida em que exige um menor número de trabalhadores.

Aquando da formação da equipa, o gestor deve ter em conta as competências e especializações necessárias dos seus membros e deve incluir mais alguns trabalhadores do que o estritamente necessário para assegurar a rápida substituição em caso de absentismo ou indolência de alguns dos seus membros, de modo a que a equipa não tenha quebras de produtividade. A indolência ou mandriice é a tendência dos indivíduos se esforçarem menos quando trabalham em grupos do que quando trabalham individualmente.

A indolência pode ocorrer em todos os tipos de grupos ou equipas e em quaisquer tipos de organizações. Quando usam equipas, tendo em vista eliminar ou reduzir as possibilidades de mandriice, os gestores devem encontrar formas de identificar as contribuições individuais dos membros da equipa, para efeitos de avaliação do desempenho, enfatizar as contribuições válidas dos membros do grupo e manter a dimensão do grupo a um nível adequado.

Melhoria da Qualidade

Uma das caraterísticas centrais dos programas de melhoria da qualidade é o recurso a equipas, em vez da existência de inspetores, que julgam a qualidade depois do produto estar concluído. A pergunta que se poderá colocar é porque existem equipas. As equipas são um veículo ideal para que os funcionários troquem impressões e implementem as melhorias julgadas necessárias. A essência da melhoria contínua é a melhoria dos produtos e dos processos e a participação dos colaboradores é a chave para a melhoria da qualidade.

Especialistas da qualidade, como W. Eduards Deming, recomendam o uso de equipas que incluem empregados que lidam diretamente com os clientes. O objetivo é alcançar continuamente melhorias da qualidade. As novas técnicas e métodos de trabalho podem ser disseminados através da empresa por equipas de qualidade que informam os outros membros da organização. Várias empresas multinacionais usam equipas de qualidade para reduzir os defeitos dos produtos e atingir elevados níveis de satisfação dos clientes.

Rapidez na Tomada de Decisão

Melhorar a rapidez na tomada de decisão é uma área vital para a prestação de um serviço de qualidade ao cliente. Melhorar a rapidez da decisão consiste em reduzir o tempo de satisfação das encomendas e o tempo necessário para desenvolver um novo produto. O trabalho em equipa pode reduzir o tempo necessário para dar resposta às necessidades dos clientes e completar os processos comerciais, como desenvolver um novo produto ou completar uma encomenda, pela multidisciplinaridade e transversalidade de funções existente entre os seus membros. As equipas permitem reduzir as barreiras entre os departamentos pelas conexões e inter-relações que estabelecem entre os membros da equipa ou entre equipas.

Inovação

A capacidade de criar novos produtos ou novos serviços pode ser melhorada com recurso à criação de equipas. As equipas permitem às empresas inovar mais rapidamente no lançamento de novos produtos, com especial incidência nas indústrias tecnológicas, lançar um novo produto ou melhorar um produto existente mais rapidamente que os concorrentes. Uma equipa transversal, composta por especialistas de marketing, de novas tecnologias e de sistemas e processos produtivos, reduz o ciclo de desenvolvimento de novos produtos. Não é por coincidência que empresas altamente tecnológicas, como a Microsoft ou a Apple, utilizem intensivamente equipas nos processos de desenvolvimento de novos produtos.

Investigação recente revela que equipas polivalentes, compostas por membros com formação e experiências diversificadas, são mais inovadoras e estão mais disponíveis para partilhar a informação do que equipas compostas por pessoas com experiências e conhecimentos similares.

Tipos de Grupos e Equipas

Para atingir os objetivos de elevado desempenho, de responsabilização perante os clientes, de inovação e de motivação dos colaboradores, os gestores, por vezes, sentem necessidade de criar grupos de trabalho ou equipas, formais ou informais, designadamente dos seguintes tipos (Figura 2.1):

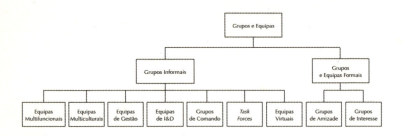

Figura 2.1 Tipos de Grupos e Equipas

Os **grupos formais** são grupos criados pelos gestores com vista a atingir os objetivos organizacionais. Os grupos de trabalho formais são equipas transversais formadas por elementos de diversas áreas funcionais, de diferentes departamentos e formações e culturas diversificadas.

Por vezes, ao contrário dos grupos formais, que são estimulados e formados pelos gestores, os empregados das organizações tendem a constituir **grupos informais,** que são associações naturais de indivíduos que se associam em situações de trabalho, por entenderem que em grupo defendem melhor os seus interesses pessoais ou atingem mais facilmente os seus objetivos.

No âmbito da constituição de grupos formais, a principal preocupação do presidente ou CEO de uma organização é formar uma **equipa de gestão** (conselho de administração/ conselho diretivo) multifuncional que os ajudem a atingir a missão e os objetivos da organização. A equipa de gestão é responsável pelo desenvolvimento de estratégias que resultem em vantagem competitiva para a organização.

A um nível inferior da hierarquia, as grandes empresas, especialmente as empresas inovadoras ligadas às novas tecnologias, dispõem de **equipas de investigação e desenvolvimento (I&D)**, que têm como principal missão o desenvolvimento de novos produtos ou novos processos de fabrico. Os membros destas equipas são selecionados com base nas suas qualificações, conhecimentos ou experiências em determinadas áreas. Muitas destas equipas têm natureza transversal, incluindo elementos de diversas áreas relacionadas, como engenharia, marketing, produção e especialistas em métodos e técnicas de investigação.

Quando a gestão de topo desenha uma estrutura organizacional e estabelece relações hierárquicas e uma cadeia de comando está a criar **equipas de comando** que têm a responsabilidade do desempenho das funções que lhe são atribuídas. Neste tipo de equipas, os subordinados reportam ao mesmo responsável.

Muitas vezes os gestores criam *"task forces"* para fins específicos ou resolver certos problemas num determinado período de tempo. *Task forces* são grupos de trabalho criados para desenvolver tarefas específicas, podendo ser um instrumento válido quando os gestores estão demasiado ocupados e não têm tempo para analisar e estudar um assunto em profundidade. As *"task forces"* têm por natureza objetivos específicos e duração limitada.

Com o aparecimento da *internet* e o rápido desenvolvimento das tecnologias de informação, tornou-se muito fácil às pessoas de todo o mundo trabalharem em conjunto. **Equipas virtuais** são equipas cujos membros muito raramente, ou mesmo nunca, se encontram mas, não obstante, interagem entre si, usando várias formas de comunicação, tais como e--mails, mensagens em texto, telefone, fax, *skype* e videoconferências. Como as empresas se têm tornado cada vez mais globais, os gestores podem criar equipas virtuais para resolver problemas ou explorar oportunidades de negócio sem necessidade de criar equipas no mesmo local ou de obrigar a deslocações dos seus membros. A principal vantagem das equipas virtuais é possibilitar aos gestores menosprezar as distâncias geográficas, o que permite formar equipas constituídas pelos membros com os melhores conhecimentos e experiência que permitem resolver os problemas.

Ao nível dos grupos informais, merecem especial destaque os grupos de amizade e os grupos de interesses. Os **grupos de amigos** são grupos informais compostos por indivíduos de diferentes organizações que reúnem entre si num ambiente de confraternização. Os membros do grupo reúnem fora do ambiente de trabalho, podendo fazer almoços regulares, ou praticar atividades lúdicas ou culturais, como praticar desportos ou outras. Os **grupos de interesses** são grupos informais, formados por empregados com a finalidade de conseguirem um objetivo comum relacionado com a qualidade de serem membros de uma organização.

Os empregados podem formar grupos de interesse, por exemplo, para conseguirem horários de trabalho flexíveis, criarem uma creche na organização para os seus filhos ou conseguirem outro tipo de regalias, monetárias ou não. Os grupos de interesse podem dar importantes contribuições aos gestores, nomeadamente a introdução de inovações nos processos, nos produtos ou nos métodos de fabrico.

Os próprios gestores muitas vezes criam entre si grupos de amizade, que podem ajudar a resolver problemas das suas empresas, pela troca de impressões e experiências que as conversas informais nesses grupos proporcionam.

Gestão do Desempenho das Equipas

A gestão do desempenho das equipas requer uma vigilância atenta por parte dos gestores. As equipas, por diversas razões, nem sempre têm um bom desempenho, designadamente por falta de espírito de equipa de algum ou alguns dos seus membros, porque existe um elemento que cria entropia no seu seio ou por falta de empenhamento na prossecução dos objetivos da equipa. Os fatores a ter em conta na gestão do desempenho de uma equipa são: (1) fases de desenvolvimento da equipa, (2) papéis do líder e dos membros da equipa e (3) comportamentos dos seus membros.

Fases de Desenvolvimento da Equipa

Uma equipa, antes de iniciar os seus trabalhos, deve planear e organizar a sua atividade, a fim de que todos os seus membros compreendam os seus papéis e compreendam a forma como podem contribuir para atingir os objetivos da equipa.

De acordo com o modelo de Bruce Tuckman, há fundamentalmente cinco estádios de desenvolvimento de uma equipa: **formação, discussão, normalização, desempenho e dissolução.** Alguns destes estádios de desenvolvimento de uma equipa podem não ser claramente distintos e coincidirem no tempo.

Quando os membros da equipa se encontram pela primeira vez para obter informação e discutir as expectativas do grupo, estamos na fase de **formação** (*forming*). Nesta fase, basicamente são estabelecidas as regras de funcionamento da equipa, a calendarização das reuniões e a participação exigida a cada membro. É nesta fase que se estabelecem os primeiros contactos e as relações sociais dentro da equipa. Com vista a facilitar a integração dos membros das equipas e a construção de relações interpessoais, os líderes podem promover a realização de iniciativas e atividades sociais, como sessões de apresentação e almoços.

Ultrapassada esta fase de formação da equipa, há que iniciar os trabalhos, sendo natural que surjam os primeiros desentendimentos entre os seus membros, designadamente no que se refere às prioridades dos objetivos, alocação dos recursos, procedimentos, expectativas de cada membro quanto ao seu papel na equipa e seleção do líder da equipa. É a fase que podemos designar por **discussão** (*storming*). O surgimento de conflito é normal nesta fase de desenvolvimento da equipa e pode até ser benéfico. As coligações formam-se muitas vezes durante esta fase, mas tem que ser muito bem gerida, caso contrário pode levar ao fracasso do trabalho da equipa. Os gestores têm aqui um papel importante, minimizando e diluindo os aspetos negativos do conflito e reorientando as energias no sentido da harmonia e coesão do grupo.

A resolução dos conflitos surgidos na fase anterior e o acordo quanto aos objetivos e valores da equipa emergem na fase de **normalização** (*norming*). Os seus membros compreendem finalmente os seus papéis, estabelecem relações de amizade e intensificam a coesão e interdependência da equipa. É a partir desta fase que os membros da equipa começam a adquirir e desenvolver uma identidade própria. Expressões como "os clientes estão primeiro" ou "pugnamos pela qualidade" são próprias desta fase. Os membros da equipa começam a depender menos do líder, embora continuem a necessitar da sua liderança e da confirmação de que estão a ter um bom desempenho.

A fase do **desempenho** (*performance*) carateriza-se pelo foco no desempenho da equipa, pela criatividade, harmonia entre os seus membros e elevado desempenho nas tarefas que lhe estão delegadas. Os membros da equipa colaboram no sentido de obterem sinergias de tal modo que o desempenho da equipa seja superior à soma dos desempenhos individuais dos seus membros. Quando a situação muda, ou as prioridades se alteram, os membros da equipa ajustam as suas táticas no sentido de se adaptarem à nova situação. Quando a equipa recebe alguma crítica, os seus membros têm a flexibilidade de aprender com os seus erros e de introduzir as melhorias necessárias.

Quando uma equipa conclui o trabalho para que foi constituída entra na fase de **dissolução** (*adjourning*). Os membros da equipa sentem-se satisfeitos por terem atingido os objetivos para que foram designados, mas ao mesmo tempo sentem-se ansiosos sobre as novas tarefas que lhes serão atribuídas e alguma tristeza por terem que se separar das amizades que entretanto criaram ao longo do tempo em que trabalharam em conjunto.

É uma boa prática de gestão, os gestores prepararem uma cerimónia para celebrar o fim do projeto ou da missão cumprida, especialmente se o trabalho em equipa foi bem-sucedido. Os membros da equipa beneficiam dos ensinamentos e do feedback dado pelos gestores, que podem aplicar em tarefas futuras de que venham a ser incumbidos.

Papéis do Líder e dos Membros da Equipa

Para ser uma verdadeira equipa, os seus membros devem partilhar várias caraterísticas comportamentais comuns, como coesão, partilha de princípios e valores, cooperação, interdependência e confiança uns nos outros. Para funcionarem e terem bom desempenho, as equipas necessitam de estruturas internas que moldem o comportamento dos seus membros e influenciem o desempenho dos grupos. Essas estruturas devem definir a liderança, o papel do líder e dos seus membros, as normas de funcionamento, cooperação, dimensão e coesão da equipa.

Não são os líderes e os gestores os únicos indivíduos que têm uma missão a cumprir e desempenham determinados papéis numa organização. Todos os seus membros têm os seus papéis a desempenhar, certamente uns mais importantes que outros. Por conseguinte, o conceito de papéis aplica-se a todos os membros de uma organização ou de uma equipa.

Os **papéis** referem-se a padrões de comportamento esperados de alguém que ocupa uma determinada posição numa organização. Numa equipa, são esperados determinados padrões de comportamento dos indivíduos pelo simples facto de pertencerem a essa equipa. Se um indivíduo está integrado num grupo e contribui com ideias para que o grupo esteja focado no seu objetivo e os outros membros do grupo estão satisfeitos com a sua contribuição, então esse indivíduo está a desempenhar bem o seu papel. Quer o papel do líder, quer os papéis dos membros do grupo são importantes para que o grupo desempenhe bem a sua função.

Todos os grupos devem ter **normas** de funcionamento ou padrões de atuação que regulam o comportamento dos seus membros e são partilhados por todos. Representam os valores e as aspirações dos membros do grupo que se formam nas fases iniciais do desenvolvimento das equipas. As normas regulam, por exemplo, os comportamentos dos indivíduos, os horários de funcionamento, as competências dos membros, o absentismo e os resultados esperados.

A disponibilidade para partilhar informação e ajudar os outros membros da equipa reflete o nível de **cooperação**. Os membros da equipa que ajudam os outros a atingir os objetivos revelam elevados comportamentos cooperativos. Estes comportamentos são muitas vezes opostos a comportamentos competitivos, que veem os outros como rivais, focam-se nos objetivos individuais, guardam a informação e não são colaborativos com os colegas. Para promover comportamentos cooperativos, os gestores devem estimular a cooperação e sancionar comportamentos competitivos dentro dos grupos.

Os grupos devem definir qual a sua **dimensão** mais adequada. A dimensão do grupo afeta o seu desempenho e o seu grau de satisfação, mas o seu efeito depende dos objetivos que se propõe alcançar. Estudos demonstram que grupos pequenos – 5 a 7 membros – são mais rápidos a completar as tarefas do que grupos grandes – 10 ou mais pessoas. Todavia, nos grupos envolvidos na resolução de problemas, estudos mostram que os grupos maiores conseguem melhores resultados do que os grupos mais pequenos.

Uma outra questão relacionada com a dimensão do grupo refere-se à tendência para que os membros de um grupo despendam menos esforço quando trabalham em grupo do que quando trabalham individualmente. Esta indolência ou mandriice pode acontecer porque os indivíduos acreditam que o trabalho não está bem repartido entre os membros do grupo e que os outros trabalham menos, pelo que reduzem os seus esforços na tentativa de melhor repartirem o trabalho por todos os membros da equipa.

Quando formam grupos ou equipas, os gestores, com vista a diminuir a indolência e controlar a produtividade dos seus membros, devem introduzir meios de medir e controlar o desempenho individual dos seus membros, caso contrário a produtividade e a motivação podem diminuir.

Finalmente, um aspeto importante que é preciso preservar é a **coesão** da equipa, porque estudos demonstram que está relacionada com a produtividade do grupo. O grau de coesão é a medida em que os membros de uma equipa revelam um elevado grau de camaradagem, espírito de equipa, sentido de unidade e os seus membros comunicam e cooperam entre si e partilham objetivos comuns. Os grupos em que há fortes desavenças internas e falta de cooperação entre os seus membros, são menos efetivos em concluir as suas tarefas, do que os grupos coesos.

Há diversas formas de influenciar positivamente a coesão da equipa:

1. Proporcionar oportunidades dos membros da equipa interagirem uns com os outros nos primeiros estádios de desenvolvimento da equipa, tais como, organizar convívios ou atividades culturais ou desportivas.
2. Assegurar que todos os membros da equipa têm voz ativa na definição dos objetivos organizacionais.
3. Celebrar os sucessos da equipa ou reconhecer publicamente as contribuições individuais para o sucesso da equipa. Estas celebrações criam espírito de equipa e aumentam a motivação dos seus membros.

Capacidades de Gestão de Equipas

O conflito é normal e pode surgir entre os membros de um grupo, com o líder e com outras equipas ou departamentos numa empresa. As pessoas muitas vezes têm diferentes opiniões sobre determinados assuntos que podem induzir situações de conflito. A questão que se coloca é saber como o gestor deve gerir um conflito para eliminar ou atenuar os efeitos nefastos no desempenho da equipa. Se os membros da equipa se mantêm irredutíveis nas suas posições, então o conflito agudiza-se e a equipa tem grandes possibilidades de falhar os objetivos para que foi constituída.

Há fundamentalmente duas capacidades de gestão que são críticas para os membros e líderes de equipas – **capacidade de gestão do conflito** e **capacidade de negociação e resolução do conflito**.

Capacidades de Gestão do Conflito

O conflito surge quando os membros de uma equipa discordam das políticas, dos objetivos ou das motivações e dos valores dos outros membros da equipa. O conflito dentro de uma equipa é normal, mas se não for bem gerido, os membros da equipa focalizam a sua atuação mais na disputa entre si do que no desempenho da equipa.

Há fundamentalmente três abordagens sobre a forma de gerir o conflito. A **visão tradicional** entende que todos os conflitos são maus, destrutivos, violentos e irracionais, pelo que devem ser evitados. Nesta abordagem, o fenómeno é entendido como um sintoma de perturbação no seio da equipa, onde impera um clima de tensão, violência e agressividade.

A resposta ao conflito segundo esta abordagem é reduzir, suprimir ou eliminá-lo. O gestor é responsável pela eliminação de quaisquer focos de conflito, usando, por vezes, uma abordagem autoritária. Apesar de poder funcionar às vezes, esta abordagem nem sempre é eficaz porque não permite identificar as causas do conflito e não deixa emergir os potenciais aspetos positivos do conflito.

A **visão comportamental**, ou visão sobre o ponto de vista das relações humanas, entende que o conflito é natural e inevitável em qualquer grupo de trabalho e não tem necessariamente que ser negativo, podendo mesmo ter o potencial de se transformar numa força positiva e contribuir para o desempenho do grupo. Esta abordagem advoga a aceitação do conflito e racionaliza a sua existência.

A **abordagem contemporânea**, ou visão interacionista ou recíproca do conflito, propõe não só que o conflito é natural e pode ser uma força positiva num grupo, mas encoraja algum grau de conflitualidade, que é necessário para melhorar o desempenho. Segundo esta abordagem, o conflito é entendido como fazendo parte do processo criador e construtivo. Enquanto a abordagem comportamental aceita o conflito, a abordagem contemporânea encoraja o conflito, com base na crença de que a harmonia e a tranquilidade têm tendência a tornar-se estática e estagnante, inibidora da resposta à mudança e à inovação. Esta abordagem encoraja os gestores a manterem um adequado nível de conflito, suficiente para tornar os grupos autocríticos, criativos e inovadores.

Tipos de Conflitos

Para ser bem-sucedida, a gestão de um conflito deve seguir determinadas etapas, quando o conflito e as divergências entre os membros da equipa se podem considerar normais. A primeira questão que se coloca aos gestores na gestão do conflito é determinar se o conflito é **funcional** ou **disfuncional**. Os conflitos funcionais são construtivos, estimulam a equipa, ajudam ao alcance dos objetivos do grupo e contribuem para a melhoria do desempenho. Pelo contrário, os conflitos disfuncionais são destrutivos e impedem um grupo de atingir os objetivos. A Figura 2.2 ilustra os desafios que se colocam aos gestores para manter o equilíbrio entre o nível do conflito e o efeito no desempenho da equipa:

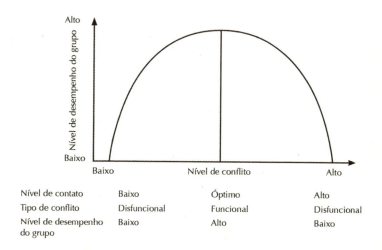

Figura 2.2 **Intensidade do Conflito**

Como mostra a Figura 2.2, o conflito funcional, que é moderado por natureza, pode ter influência positiva no desempenho da equipa e na organização, na medida em que:

1. **Estimula a criatividade** – permite confrontar diversas posições quando os membros da equipa defendem abordagens diferentes para resolver um problema.
2. **Evita soluções pobres** – a discussão entre os membros da equipa sobre posições diferentes dos membros da equipa permite a escolha da solução que melhor satisfaz os interesses da equipa e evita soluções pobres.
3. **Motiva os membros da equipa** – o conflito estimula e excita os membros da equipa. O conflito moderado estimula os membros a esforçarem-se mais no sentido de atingir os objetivos da equipa. Os debates são uma excelente forma de motivar os membros de uma equipa a atingirem os objetivos.

Ao contrário do conflito funcional, o conflito disfuncional tem um efeito negativo sobre o desempenho da equipa e da organização. O conflito disfuncional ocorre quando a intensidade do conflito é alta, que tem um efeito negativo no desempenho da equipa, ou quando é geral, mas baixa, que resulta em falta de motivação da equipa. Quando os membros de uma equipa desenvolvem antipatia pessoal com os outros baseada em choques de personalidade, zangas ou tensões, existe uma relação conflituosa com a equipa. Uma relação conflituosa é disfuncional e prejudica o desempenho porque os membros da equipa estão focados em reduzir as tensões e melhorar a coesão do grupo em vez de consumirem as energias na prossecução dos objetivos. É importante para a equipa descobrir as causas da relação conflituosa por forma a encontrar formas de gerir o conflito.

Estilos de Gestão do Conflito

Há vários estilos de gerir o conflito consoante a ênfase que se coloca na satisfação das suas próprias necessidades ou na satisfação das necessidades dos outros. Os vários estilos de gestão de conflitos incluem o estilo **cooperação ou resolução de problemas**, o estilo **acomodação**, o estilo **confrontação ou domínio**, o estilo **evitação** e o estilo de **compromisso**, que são adequados às diversas situações que ocorrem nas equipas.

Um estilo **"cooperação"** ou **"resolução de problemas"** existe quando o gestor reconhece a existência de um problema de relacionamento e encoraja as partes a identificar o problema, a analisar as alternativas e a encontrar uma solução satisfatória. A solução depende da capacidade de negociação das partes. O estilo cooperação privilegia soluções de longo prazo e encoraja as partes a encontrarem uma solução de consenso. Leva tempo e não é adequado quando é preciso encontrar rapidamente uma solução para o conflito.

Um estilo **"acomodação"** existe quando a pessoa que gere o conflito está disponível para negligenciar os seus próprios interesses na tentativa de acomodar as reivindicações da outra parte. Este estilo acaba por beneficiar uma parte em desfavor da outra. Funciona quando é preciso encontrar uma solução rápida para o conflito, mas é geradora de ressentimentos que mais tarde podem gerar novos conflitos.

O estilo **"confrontação"** ou **"domínio"** pode ser usado quando o gestor atua de forma assertiva e convence a outra parte a abandonar os seus objetivos. O estilo dominador é uma abordagem autoritária de gestão de conflitos de cima para baixo. É um estilo que produz bons resultados em situações de emergência. Quando um membro de uma equipa, durante uma discussão, usa este estilo para intimidar outro membro da equipa, este estilo revela-se inadequado e intensifica o conflito em vez de o atenuar.

O estilo **"evitação"** é usado quando um indivíduo decide que é melhor evitar o conflito do que enfrentá-lo. Ao não enfrentar o conflito, os membros da equipa esperam que ele se resolva por si. Pode ser um estilo efetivo quando os problemas são triviais e a melhor forma de os resolver é não lhes dar importância.

O estilo **"compromisso"** pode ser usado quando o gestor faz algumas concessões à outra parte e a outra parte está disposta a retribuir. O estilo compromisso requer que as partes estejam dispostas a ceder nalguns pontos de tal modo que o resultado seja vantajoso para ambas as partes. Este estilo pode resultar quando os recursos podem ser partilhados, mas pode revelar-se inadequado quando os valores ou princípios são a fonte do conflito.

As estratégias de abordagem da gestão de conflitos podem ser classificadas de acordo com duas dimensões: **assertividade** e **solidariedade**. Assertividade é o grau em que a parte procura satisfazer os seus interesses próprios e solidariedade é o grau em que uma parte procura satisfazer os interesses da outra parte. Quando os níveis de conflito no grupo são muito elevados, os gestores podem selecionar um estilo de gestão de conflitos de acordo com a matriz constante da Figura 2.3:

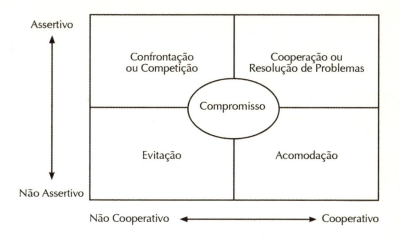

Figura 2.3 Estilos de Gestão de Conflitos

A parte que se comporta de forma não cooperativa é provável que seja tratada da mesma maneira pela outra parte. Por conseguinte, os estilos de gestão que dependem da solidariedade ou cooperação, tais como os estilos "cooperação" e "acomodação", não podem ser usados na resolução de conflitos. A não cooperação mútua de ambas as partes resultará quer no uso do estilo "confrontação" ou "competição" quer do estilo "evitação". Uma parte tipo assertivo selecionará o estilo "confrontação" enquanto uma parte menos assertiva selecionará o estilo "evitação".

Quando as partes se esforçam por ser cooperativas podem selecionar os estilos "cooperação" ou "acomodação", mas não os estilos "confrontação" ou "evitação". O estilo "cooperação" ou "resolução de problemas" é o que melhor permite alcançar soluções a longo prazo porque ambas as partes estão empenhadas em alcançar consensos. Porém, se uma parte no conflito não assume uma postura assertiva, o estilo "acomodação" pode ser o escolhido para encontrar uma solução.

Os estilos "acomodação" podem proporcionar soluções para resolver conflitos a curto prazo para uma parte não assertiva, mas não satisfará essa parte no longo prazo, dado que os resultados não foram satisfatórios. Finalmente, se as partes no conflito não são moderadamente assertivas e cooperativas, deve ser escolhido um estilo "compromisso". No estilo "compromisso" as partes têm resultados moderados para os seus próprios interesses e para os interesses da outra parte. O estilo "compromisso" pode ser efetivo numas situações mas não noutras, uma vez que produz soluções que satisfazem parcialmente as preocupações de ambas as partes, mas não satisfaz completamente as preocupações de nenhuma das partes.

Capacidades de Negociação e Resolução de Conflitos

As capacidades de negociação são necessárias em situações em que as pessoas procuram trocar mercadorias ou serviços a um preço justo ou quando existe uma situação de conflito que as partes pretendem resolver.

Independentemente do nível de conflito, há duas abordagens distintas sobre a forma como lidar com os desentendimentos existentes num grupo ou numa equipa. Consoante o estilo de negociação adotado, a resolução do conflito pode resultar numa **negociação distributiva**, em que uma das partes fica a ganhar e a outra a perder ou numa **negociação criativa**, que pode resultar em soluções satisfatórias para ambas as partes. Por vezes uma solução criativa pode envolver a redistribuição de recursos ou de poder de uma forma mais equilibrada do que existia anteriormente. Resultados criativos são mais prováveis quando as partes são interdependentes, ou seja, quando têm algum grau de independência e autonomia para influenciar a outra parte em vez de uma parte estar dependente da outra.

O método de gestão e resolução de conflitos a adotar baseia-se fortemente nas capacidades de negociação. Em situações de interdependência, têm sido apontadas três estratégias de negociação que as partes podem adotar para lidar com um conflito: *win-win, win-lose e lose-lose*.

A abordagem mais comum e mais útil é o estilo de negociação *win-win* em que um negócio só é bom se ganharem ambas as partes. Um negócio que só é bom para uma das partes faz-se uma vez mas não se repete, logo não é um bom negócio. O estilo de negociação *win-win* implica que as partes sejam capazes de converter um potencial conflito num processo de colaboração, em que cada parte procure identificar e partilhar objetivos comuns. Este espírito de negociação é particularmente importante quando as partes pretendem manter relações de trabalho duradouras.

Para que a negociação seja do **estilo win-win** é necessário tomar as seguintes precauções:

1. Preparar a negociação compreendendo as necessidades e os trunfos e fraquezas próprias e conhecendo o limite abaixo do qual não pode ceder.
2. Procurar compreender as reais necessidades e objetivos da outra parte.
3. Enfatizar os pontos comuns e minimizar as diferenças entre as partes.
4. Procurar soluções que satisfaçam os objetivos de ambas as partes.
5. Foco em construir uma relação numa negociação em vez de fazer um negócio.

Um outro estilo de negociação que pode ser usado nalgumas situações é o *estilo* **win-lose**. Este estilo de negociação é usado tipicamente quando há um bem e uma negociação entre o vendedor e o comprador em que uma parte procura obter o máximo ganho à custa do outro. É um estilo de negociação com pouca aplicação em equipas porque os membros da equipa são interdependentes e cada qual procura atingir o objetivo comum. As partes envolvidas em negociações *win--lose* têm mais tendência em usar o estilo "confrontação" ou "competição" de resolução de conflitos.

O sucesso da negociação *win-lose* depende da capacidade de cada parte ter vantagem e explorar as fraquezas da outra parte. Os estilos de negociação *win-lose* devem ser usados apenas em circunstâncias excecionais. A maioria dos processos de negociação requer o desenvolvimento de relações efetivas, colaborativas e duradouras com empregados, clientes e outros parceiros. As negociações *win-lose* são imparciais e a parte prejudicada não está receptiva a encetar novas negociações no futuro. Aparentemente as negociações *win-lose* são vantajosas para a parte vencedora (*win*), mas só aparentemente porque na realidade não são vantajosas porque não se repetem. Comportamentos *win-lose* geram tipicamente descontentamento e deceção à parte perdedora (*lose*).

No estilo **lose-lose** o desacordo é visto como inevitável, pelo que o melhor é dividir a diferença ou passar por cima das dificuldades. Às vezes é a realidade do processo de negociação e os custos são menores do que na estratégia *win-lose*, pelo menos para o perdedor. Cada parte consegue alguma coisa do que pretendia e fica parcialmente satisfeita. Nenhumas das partes se convence de que, partindo para o confronto, conseguiria uma melhor solução.

Finalmente, há alguns erros que os negociadores inexperientes usualmente cometem e que podem ser evitados se forem adotados os seguintes comportamentos:

- Não assumir que uma negociação tem que resultar num acordo. Quando uma pessoa assume que uma negociação deve resultar sempre num acordo, a outra parte pode tomar vantagem ameaçando com o fim das negociações. É preferível avançar para uma negociação com um limite abaixo do qual não é possível negociar. Se a outra parte recusa chegar, pelo menos, ao mínimo estabelecido, então é preferível acabar com as negociações.
- Evitar ficar agarrado a uma questão particular da negociação. Algumas questões são mais fáceis de resolver do que outras numa negociação. Se as partes emperram numa questão particular, então é melhor avançar para outra.
- Não assumir que a outra parte tem todo o poder dado o maior grau de experiência. Quando uma pessoa assume que está em desvantagem na negociação, há uma grande possibilidade de atuar como se a assunção fosse verdadeira e estará menos apta a conseguir os objetivos. Na verdade, numa negociação ambas as partes têm o mesmo poder, caso contrário a negociação não teria lugar. As pessoas estão dispostas a negociar porque percebem que a outra parte tem algo a dar em troca.

Resumo do Capítulo

Uma equipa é um pequeno número pessoas com capacidades complementares empenhadas na realização de objetivos específicos ou na satisfação de necessidades comuns. Os grupos ou as equipas podem contribuir para a eficácia da organização, melhorando o desempenho, aumentando a responsabilidade perante os clientes, incrementando a inovação e sendo uma fonte de motivação para os seus membros. O objetivo do presente capítulo é disponibilizar informação aos gestores e futuros gestores, sobre as capacidades de gestão de equipas.

Uma outra área importante que estudamos neste capítulo é as capacidades de gestão e resolução de conflitos. Muitas pessoas pensam que o conflito é um tópico que não deve ser discutido e que as pessoas não se devem envolver em conflitos. Mas o conflito é um facto inevitável na condição humana. Se for compreendido e bem gerido, o conflito pode contribuir para a melhoria da satisfação no trabalho e para o aumento da produtividade ou para a melhoria do clima social nas organizações. Foram estudadas as várias estratégias de negociação e de resolução de conflitos, bem como alguns erros que podem ser evitados nos processos de negociação.

Finalmente, foram estudadas formas de aumentar a produtividade e de redução da indolência, a que os gestores podem recorrer para motivar os membros das equipas.

Questões

1. Porque é que todas as organizações precisam de formar grupos e equipas para atingir os objetivos e ganhar vantagem competitiva?
2. Compare grupos de trabalho com equipas.
3. Explique porque os grupos de trabalho e as equipas são contributos chave para a eficácia das organizações.
4. Descreva as fases de desenvolvimento de equipas.
5. Quais as vantagens e desvantagens do trabalho em equipa?
6. Que tipos de empregados preferem trabalhar numa equipa virtual?
7. Que tipos de empregados preferem trabalhar numa equipa face a face?
8. Qual o papel do líder da equipa?
9. Como se gere um conflito através da negociação?

Referências

Daft, R. L., Kendrick, M. e Vershinina, N. ((2010), Management, South-Western, Cengage Learning EMEA, United Kingdom.

Deanne, N., Hartog, D., Koopman, P. e Muijen, J. (1995), Charismatic Leadership: A State of the Art, Journal of Leadership & Organizational Studies, Vol. 2, N° 4, pp. 35-49.

Hartog, D. e Koopman, P. (2011), Leadership in Organizations, Handbook of Industrial, Work & Organizational Psychology, Vol. 2: 2001, Sage Publication.

Hartog, D., Muijen, J. e Koopman, P. (1997) Transactional versus Transformational Leadership: An analysis of the MLQ, Journal of Occupational and Organizational Psycology, Vol. 70, Issue 1, pp. 19-34.

Jones, G. e George, J. (2011), Contemporary Management, 7th edition, McGraw-Hill / Irwin, New York.

Robbins, S. P. e Coulter, M. (2014). Management, Twelfth Edition, Pearson Education, Inc. Upper Side River, New Jersey.

Thompson L. (2014), Making the Team: A Guide for Managers, Fifth Edition, Upper Saddle River, Prentice Hall, NJ.

Tuckman, B. W. e Jensen, M. C. (1977). Stages of Small Group Development, Organizational Studies, 2, 419-27.